ARNULF SCHMITT-KAMMLER

Elternrecht und schulisches Erziehungsrecht nach dem Grundgesetz

Schriften zum Öffentlichen Recht

Band 450

Elternrecht
und schulisches Erziehungsrecht
nach dem Grundgesetz

Von

Dr. iur. Arnulf Schmitt-Kammler

DUNCKER & HUMBLOT / BERLIN

CIP-Kurztitelaufnahme der Deutschen Bibliothek

Schmitt-Kammler, Arnulf:
Elternrecht und schulisches Erziehungsrecht nach dem Grundgesetz / von Arnulf Schmitt-Kammler. — Berlin: Duncker und Humblot, 1983.
   (Schriften zum öffentlichen Recht; Bd. 450)
   ISBN 3-428-05440-7
NE: GT

Alle Rechte vorbehalten
© 1983 Duncker & Humblot, Berlin 41
Gedruckt 1983 bei Buchdruckerei A. Sayffaerth - E. L. Krohn, Berlin 61
Printed in Germany
ISBN 3 428 05440 7

Für M.

Vorwort

Die nachfolgende Abhandlung geht auf einen Vortrag zurück, der vom Verfasser am 19. Januar 1983 im Rahmen des Habilitationsverfahrens vor dem Fachbereich Rechtswissenschaften der Philipps-Universität in Marburg/Lahn gehalten wurde. Der Vortragstext ist für die Veröffentlichung überarbeitet und erweitert sowie mit Anmerkungen versehen worden; dabei sind Gedankenführung und Ergebnisse unverändert geblieben.

Herrn Prof. Dr. Dr. h. c. J. Broermann sage ich Dank für die Aufnahme der Arbeit in die Reihe „Schriften zum Öffentlichen Recht".

Marburg/Lahn, im August 1983

A. Sch.-K.

Inhaltsverzeichnis

Einleitung 11

A. *Das Elternrecht* 14

    I. Rechtsgrundlage 14
        (1) „Natürliches" Recht 14
        (2) Zur politischen Bewertung des Elternrechts 17

    II. Rechtsnatur 18
        (1) Grundrecht 18
        (2) Institutsgarantie 18

    III. Inhalt 19

    IV. Grenzen (Bindungen) des Elternrechts 20
        (1) Notwendigkeit einer Begrenzung 20
        (2) Art. 7 keine „Grenze" des Elternrechts 21
        (3) Keine Erziehungsziele im Grundgesetz (trotz Pflichtbindung) 21
        (4) Erziehungsziele in Länderverfassungen 21
        (5) Art. 6 II 2 GG als Grenze 22
        (6) Teilmündigkeit des Kindes 22
        (7) „Immanente" Grenzen 23
            (a) Kindesgrundrechte 23 — (b) Rechtsordnung 26
        (8) Begriff von Pflege und Erziehung 27
        (9) Fremdnützigkeit 28
        (10) Zusammenfassung 29

B. *Staatliches (schulisches) Erziehungsrecht* 31

    I. Rechtsgrundlage 31

    II. Inhalt und Grenzen 32
        (1) Schulische Organisation 32
            (a) Schulsystem 32 — (b) Schulversuche 33
        (2) Vermittlung von Wissen und Fertigkeiten 34
        (3) Weltanschauliche Einwirkung 35
            (a) Weltanschauliche Neutralität 35 — (b) Weltanschauung nach Mehrheitslage? (Problem des wechselnden geltenden Rechts) 36 (c) Werbung auch für *Inhalt* der Rechtsordnung? („Unpolitischer" Charakter der Schule) 38 — (d) Ausnahme: „Verfassungsessenz" 41 — (e) Integrierende Funktion der Schule 44 (f) Problem der Trennung von Fakten und Wertungen 45 (g) Landesrecht mit schulischem Erziehungsauftrag 47 — (h) Ergebnis 49

C. Die Bedeutung des Elternrechts für die schulische Erziehung 50
  I. Elterliches Erziehungsrecht i. e. S. und Schule 50
    (1) Streitpositionen 50
    (2) Kritik 51
    (3) Notwendigkeit der Trennung von Kompetenzbereichen 52
        (a) Getrennte Normierung im GG 52 — (b) Absätze 3 und 5 als Ausnahmeregelungen in Art. 7 GG 53 — (c) Verfassungsberatungen 53
    (4) Einwand: Schulische Erziehung wirke über die Schule hinaus 54
    (5) Keine pauschale Rangminderung des Schulmandats 55
    (6) Zwischenergebnis 57
    (7) Folgen: Ablehnung des strengen Separations- und des Kooperationsmodells 58
    (8) „Kollektives" („pädagogisches") Elternrecht? 60
  II. Die elterliche Wahrnehmung der Kindesgrundrechte (gegenüber dem Staate) 62
    (1) Grundrechtsstellung des Kindes trotz Sonderstatus 63
    (2) Elterliche Abwehrrechte 63
    (3) Kein Abwehrrecht im Bereich der „Verfassungsessenz" 65
    (4) Zwischenergebnis 65
  III. Weltanschauliche Schulausrichtung auf Wunsch der Eltern? 67
    (1) Grundsätzliche Zulässigkeit 67
    (2) Lösung: 69
        (a) Elternwunsch 69 — (b) Organisatorische Möglichkeit 69 (c) Keine Grundrechtsverletzung (Abtrennung der streitigen Unterrichtsinhalte oder Rückführung auf gemeinsame Basis / Positive und negative Weltanschauungsfreiheit 69
    (3) Pflicht des Staates, dem Elternwunsche zu entsprechen? 75

D. *Zwei praktische Beispiele* 77
  I. Das Schulgebet 77
  II. Der Sexualkundeunterricht 78

Zusammenfassung 83

Einleitung

In Fortsetzung einer in die Zeit der Weimarer Reichsverfassung zurückreichenden Diskussion[1] wird auch seit dem Inkrafttreten des Grundgesetzes gestritten über das rechtlich zulässige Maß schulischer Einwirkung auf das Kind auch *gegen* andersgeartete elterliche Erziehungsvorstellungen sowie über das zulässige Maß elterlicher Einflußnahme auf die schulischen Unterrichtsinhalte[2]. Man braucht, um die ungebrochene Aktualität des Themas zu belegen, nur an die Auseinandersetzungen um die Konfessions- und Gemeinschaftsschulen, das Schulgebet, den Sexualkundeunterricht, die Ausgestaltung der gymnasialen Oberstufe oder ganz allgemein um eine vermeintliche oder wirkliche „Ideologisierung" der Schulerziehung zu denken, Auseinandersetzungen, die allesamt Entscheidungen des Bundesverfassungsgerichts notwendig gemacht haben[3].

Wer sich über die mehrheitlich vertretene Rechtsauffassung zum Verhältnis von Elternrecht und schulischem Erziehungsrecht im Bereich weltanschaulich sensibler Erziehungsinhalte unterrichten möchte, stößt

---

[1] *W. Landé*, Die staatsrechtlichen Grundlagen des heutigen Unterrichtswesens, in: Anschütz / Thoma, Handb. d. dt. Staatsrechts 1932, Bd. 2, S. 690 ff.; ders., Die Schule in der Reichsverfassung, Berlin 1929; *G. Anschütz*, Die Verfassung des deutschen Reiches, 14. Aufl. 1933 (v. a. die Kommentierung zu Art. 120 WRV); *Mausbach*, Kulturfragen in der Deutschen Verfassung, 1920.

[2] Beispielartig seien genannt: *H. Peters*, Elternrecht, Erziehung, Bildung und Schule, in: Bettermann / Nipperdey / Scheuner, Die Grundrechte, Bd. IV/1, S. 369 ff.; *A. v. Campenhausen*, Erziehungsauftrag und staatliche Schulträgerschaft, Göttingen 1967; *W. Keim*, Schule und Religion, 2. Aufl., Hamburg 1969; *A. Podlech*, Das Grundrecht der Gewissensfreiheit und die besonderen Gewaltverhältnisse, Berlin 1969; *Th. Oppermann*, Nach welchen rechtlichen Grundsätzen sind das öffentliche Schulwesen und die Stellung der an ihm Beteiligten zu ordnen?, Gutachten C zum 51. DJT, 1976; *H.-U. Evers*, Die Befugnis des Staates zur Festlegung von Erziehungszielen in der pluralistischen Gesellschaft, Berlin 1979; *H.-U. Erichsen*, Verstaatlichung der Kindeswohlentscheidung?, 2. Aufl., Berlin / New York 1979; *E.-W. Böckenförde*, Elternrecht — Recht des Kindes — Recht des Staates. Zur Theorie des verfassungsrechtlichen Elternrechts und seiner Auswirkung auf Erziehung und Schule, in: Essener Gespräche zum Thema Staat und Kirche, Bd. 14, Münster 1980, S. 54 ff.; *F. Ossenbühl*, Das elterliche Erziehungsrecht im Sinne des Grundgesetzes, Berlin 1981; *P. Häberle*, Erziehungsziele und Orientierungswerte im Verfassungsstaat, Freiburg / München 1981.

[3] BVerfGE 34, 165 (Förderstufe Hessen); 41, 29 (Gemeinschaftsschule Ba-Wü); 41, 65 (Bayr. Gemeinschaftsschule); 41, 88 (Gemeinschaftsschule NRW); 45, 400 (Oberstufe Hessen I); 47, 46 (Sexualkunde); 52, 223 (Schulgebet); 53, 185 (Oberstufe Hessen II).

etwa beim Bundesverfassungsgericht auf die folgende Stellungnahme: Es bestehe ein Spannungsfeld zwischen Elternrecht und schulischem Erziehungsauftrag. Bestimmte Fragen gehörten in erster Linie zum Elternrecht; der Staat sei jedoch berechtigt, in denselben Fragen auch eine schulische Erziehung durchzuführen; er sei dabei grundsätzlich befugt, über die Unterrichtsgestaltung zu entscheiden, freilich abgesehen von Implikationen, die sich aus dem Elternrecht ergeben könnten. Diese äußerten sich darin, daß die schulische Erziehung offen sein müsse für die unterschiedlichen Wertvorstellungen; sie müsse allgemein Rücksicht nehmen auf das Erziehungsrecht der Eltern. Die Schule müsse jede Indoktrinierung der Jugendlichen unterlassen[4].

Ähnlich, wenn auch mit stärkerer Akzentuierung des Elternrechts, wird in der Literatur beispielsweise formuliert: Das elterliche Erziehungsrecht habe gegenüber dem staatlichen Erziehungsmandat höheres Gewicht und höhere Bedeutung. Der Staat habe aber auch ein *eigenes* Erziehungsmandat. Dieses müsse nicht *stets* dem Elternrecht weichen, da es keinen absoluten Vorrang habe. Beide Einwirkungsbefugnisse müßten also in Konkordanz gebracht werden, wobei allerdings doch der besonderen Bedeutung des Elternrechts Geltung zu verschaffen sei[5].

Diese Thesen, die mit manchen Varianten heute weitgehend das Feld beherrschen, kranken in zweifacher Hinsicht:

(1) Es handelt sich um bloße Harmonisierungsformeln, die in ihrem schwankenden „sowohl — als auch" keine klaren Entscheidungsanhaltspunkte liefern, vorhandene Konflikte eher verdecken als lösen und in diffuse Abwägungen und Konkordanzprozeduren münden, welche das Entscheidungsergebnis nicht mehr vorhersehbar erscheinen lassen. Statt dessen werden die Beteiligten mit wohlklingenden, aber wenig praktikablen Aufforderungen (etwa nach der „Offenheit" der Schule für die unterschiedlichen Weltanschauungen[6]) zurückgelassen.

(2) Des weiteren ist der Vorwurf zu erheben, daß Lösungen der genannten Art auch dem Wortlaut und der Systematik der grundgesetzlichen Regelungen dieser Frage nicht entsprechen.

Im folgenden soll versucht werden, zu einer klareren und stärker an den Normierungen des Grundgesetzes orientierten Kompetenzabgrenzung zwischen Eltern und Schule vornehmlich im Bereiche weltanschaulich relevanter Erziehungsinhalte zu gelangen. (Nur) in dem hierzu erforderlichen Maße werden Elternrecht und schulisches Erziehungsrecht zunächst je getrennt betrachtet; sodann wird näher zu prüfen

---

[4] BVerfGE 47, 46 (Sexualkunde), S. 70 ff.
[5] *Ossenbühl* (Fn. 2), S. 117.
[6] BVerfGE 47, 46 (Sexualkunde), LS 2 und S. 74 ff. (insbes. 75).

sein, in welcher Beziehung beide zueinander stehen. Offenbleiben kann bei der Erörterung der rechtlichen Beziehungen zwischen Kind und Eltern bzw. Schüler und Schule die Frage, von welchem Zeitpunkte an dem (noch minderjährigen) Kinde und Schüler in einzelner Hinsicht bereits „Mündigkeit" (insbesondere „Grundrechtsmündigkeit") zuzubilligen sei. Soweit solche Mündigkeit anzunehmen wäre, hätte sie zur Folge, daß die Betroffenen gegenüber den Eltern und der Schule die Stellung eines Volljährigen einnähmen. Die für die vorliegende Untersuchung spezifische, im Verhältnis von Elternrecht und schulischem Erziehungsrecht begründete Problematik hätte sich für den fraglichen Bereich dann „durch Zeitablauf" erledigt.

Maßgeblich für die Untersuchung ist ausschließlich das geltende Verfassungsrecht. Dies bedarf besonderer Betonung, da gerade in dem hier zu behandelnden Bereiche juristische und rechtspolitische Argumentationen häufig vermengt zu werden pflegen[7].

---

[7] Vgl. den Hinweis von *Erichsen* (Diskussionsbeitrag), in: Essener Gespräche zum Thema Staat und Kirche, Bd. 14, S. 43; ein Gegenbeispiel bietet W. *Geiger*, ebd., S. 40: „zutiefst im Inneren zuwider" als juristisches Argument.

A. Das Elternrecht[8]

I. Rechtsgrundlage

(1) Seine Rechtsgrundlage hat das Elternrecht in Art. 6 II 1 GG. Verbreitet ist allerdings die Vorstellung, aus der Bezeichnung des Elternrechts als *„natürliches Recht"* ergebe sich eine schon präpositive Geltung des Elternrechts. Dies schlägt sich nieder in Formulierungen der Art: das Elternrecht sei nicht vom Staate verliehen, sondern als vorgegebenes Recht staatlich nur anerkannt[9].

Bei einer Stellungnahme dazu muß vorab bemerkt werden, daß es sich hier nicht darum handelt, abstrakt (d. h. losgelöst vom Text des Grundgesetzes) die Existenz eines präpositiven Elternrechts zu diskutieren[10]. Es geht vielmehr um die andersgeartete, durch die Textfassung des Grundgesetzes provozierte Frage: Welche Folgen für die rechtliche Bewertung des Elternrechts ergeben sich aus seiner *Bezeichnung* als „natürliches Recht" *im Grundgesetz*?

Die Formulierung des Art. 6 II 1[11] wird vielfach dahin verstanden, beim Elternrecht handele es sich nach Meinung des Verfassungsgebers um eine präpositive, „naturrechtliche" Rechtsposition. Eine solche Gesetzesfassung wäre möglich[12]. Welche Rechtsfolgen sich aus ihr ergäben, soll hier aber nicht erörtert werden, da Art. 6 II 1 nicht in diesem Sinne einer „Inkorporation" naturrechtlicher Positionen in das Grundgesetz auszulegen ist. „Natürlich" ist hier nicht mit „naturrechtlich" gleichzusetzen[13]:

---

[8] Hier verstanden als verfassungsrechtliches Elternrecht i. S. d. Art. 6 II GG, nicht als einfachgesetzlich ausgestaltetes Sorgerecht des BGB. Vgl. dazu *Böckenförde* (Fn. 2), S. 55.

[9] So etwa *Ossenbühl* (Fn. 2), S. 20, 45; *Maunz / Dürig / Herzog / Scholz*, Rz. 22 zu Art. 6 GG; BVerfGE 60, 79 (88).

[10] Zu dieser Frage mag der Hinweis genügen, daß über Existenz, Geltungsgrund und Inhalt solcher naturrechtlicher Normen ganz allgemein in hohem Maße Unklarheit und Streit besteht und schlüssige Nachweise bisher nicht gelungen sind; vgl. etwa *A. Bleckmann*, Allgemeine Grundrechtslehren, Köln etc. 1979, S. 37; *R. Zippelius*, Rechtsphilosophie, München 1982, S. 93 ff.

[11] Artikel ohne Gesetzesangabe sind solche des Grundgesetzes.

[12] So findet sich in der Verfassung von Rheinland-Pfalz die Bezeichnung des Eigentums als „Naturrecht" (Art. 60 I).

[13] Sehr deutlich hierzu *H. Welzel*, Naturrecht und materiale Gerechtigkeit, 4. Aufl., Göttingen 1962, S. 249 f.; s. auch *E. Fischer*, Trennung von Staat und Kirche, 2. Aufl., Frankfurt/M. — Berlin 1971, S. 132; *Böckenförde* (Fn. 2), S. 70.

I. Rechtsgrundlage

— Das Grundgesetz nimmt mit der Wendung „natürliches Recht" eine Formulierung aus Art. 120 WRV auf. Nach zutreffender Auffassung war sie dort, ohne weiterreichende Intentionen, deshalb gewählt worden, um „radikalsozialistische Forderungen nach Gemeinschaftserziehung" sowie den auf „göttliches Recht" gegründeten Erziehungsanspruch der römisch-katholischen Kirche abzuwehren[14]. Schon wegen dieser Zielrichtung eignet sich die Formel wenig dazu, als Rezeption katholisch-naturrechtlicher Rechtsauffassung in die WRV gedeutet zu werden, wie dies versucht worden ist[15]. Die Beratungen im Parlamentarischen Rat, die immer wieder zur Zurückweisung naturrechtlicher Vorstellungen im Zusammenhang mit dem Elternrecht geführt haben[16], geben keinen Anlaß zu einer anderen Auslegung des Art. 6 II 1 GG.

— Auch unabhängig von diesen Überlegungen läßt sich Art. 6 II 1 GG verstehen im Sinne einer schlichten Bezugnahme des Verfassungsgebers auf einen natürlichen Sachverhalt, nämlich den der biologischen Elternschaft[17]. Dieser Sachverhalt wird zum Anknüpfungspunkt der Elternrechtsregelung gemacht. Dies mit guten Gründen, da Kinder der Erziehung bedürfen, bei den natürlichen Eltern in der Regel die Bereitschaft und der Wille hierzu besteht und sie[18] ebenso regelmäßig in der Eignung zur Erziehung mit staatlichen Institutionen erfolgreich konkurrieren können. Zudem stellt der Bezug auf die „natürliche" Elternschaft klar, daß die Rechte des Art. 6 II 1 GG nicht nur gegenüber *den* Kindern bestehen sollen, die der in Art. 6 I angesprochenen *rechtlichen* Institution der Ehe entstammen[19].

Art. 6 II 1 GG enthält also keine Proklamation des Elternrechts als eine präpositiv verwurzelte Rechtsposition. Dies führt jedoch keines-

---

[14] Dazu *Holstein*, Elternrecht, Reichsverfassung und Schulverwaltungssystem, AöR 12 (1927), S. 187 ff.; *Anschütz* (Fn. 1) Anm. 2 zu Art. 120 WRV (S. 496).

[15] *Mausbach* (Fn. 1), S. 44; vgl. auch Lehrschreiben der deutschen Bischöfe v. 12.12.1953 (zit. nach A. Beckel, Christliche Staatslehre, Osnabrück 1961, S. 73).

[16] Vgl. nur die Darstellung bei *Ossenbühl* (Fn. 2), S. 23 ff. sowie die Stellungnahme des Allgemeinen Redaktionsausschusses des Parlamentarischen Rates (Parlamentarischer Rat, Grundgesetz (Entwürfe), Bonn 1948/49, S. 87) zur Wendung „natürliches Recht". Siehe auch *v. Mangoldt / Klein*, Anm. II 2 zu Art. 7 GG sowie unten C I 3 c und C III 3.

[17] *Böckenförde* (Fn. 2), S. 70; *R. Stober*, Grundpflichten als verfassungsrechtliche Dimension, NVwZ 1982, S. 473 (476).

[18] Ganz im Gegensatze zur Auffassung Platons: „... die jedesmal geborenen Kinder nehmen die dazu bestellten Obrigkeiten an sich ... Die der guten ... tragen sie in das Säugehaus zu Wärterinnen ... Die der schlechteren ... werden sie ... in einem unzugänglichen und unbekannten Orte verbergen", Politeia, 460 b—c (in der Übersetzung von F. Schleiermacher).

[19] Bedenken bestehen daher gegen § 1705 BGB mit seinem Ausschluß des Sorgerechts für den nichtehelichen Vater (a. A. BVerfGE 56, 363).

wegs zur Übernahme der Vorstellung, das Grundgesetz behandele das Elternrecht als ein genuin staatliches, an die Eltern lediglich delegiertes und vom Staate nach Belieben rückholbares Recht:

Der *Verfassungsrang* der Elternrechtszuweisung verhindert bereits, von der notwendigen gesetzgeberischen Konkretisierung und dem auf die Abwehr von Grenzüberschreitungen beschränkten Wächteramte des Staates abgesehen, Eingriffe in das Elternrecht durch den einfachen Gesetzgeber.

In Art. 6 II 1 GG läßt sich ferner ein „Menschenwürdekern" ausmachen, der diese Regelung gemäß Art. 79 III i. V. m. Art. 1 GG vor einschneidenden Veränderungen auch durch den verfassungsändernden Gesetzgeber schützt.

Damit ist die Delegationsthese mit ihrer Vorstellung jederzeitiger Widerrufbarkeit der Elternrechtszuweisung bereits als unzutreffend erwiesen[20]. Gegen die hier vertretene Auffassung wird gleichwohl möglicherweise der Einwand erhoben werden, ihrzufolge bilde das Erziehungsrecht — und sei es auch in verhältnismäßig veränderungsfester Gestalt — das Objekt staatlicher Zuweisung an die Eltern.

Dieser Gedanke verliert allerdings durch die folgenden Überlegungen an Gewicht: Staatliche Verleihung setzt voraus, daß das Erziehungsrecht jemals beim Staat gelegen habe. Davon kann aber bei einer in der Verfassung selbst (und für einen Kernbereich abschließend) vorgenommenen Zuerkennung des Elternrechts nicht gesprochen werden. Der Staat, der an die Eltern delegieren könnte, wird durch die Verfassung ja selbst erst ins Leben gerufen. Nicht staatliche Instanzen unter der Geltung des Grundgesetzes verleihen das Elternrecht, sondern der die grundgesetzliche Staatlichkeit konstituierende Akt enthält zugleich die Zuerkennung des Elternrechts. Der Verfassungsgeber, der Idee nach also das Volk, entscheidet im Akt der Verfassungsgebung unmittelbar und in gewissem Umfange irreversibel darüber, wer in dem zu schaffenden Gemeinwesen bestimmte Rechte haben solle. Dieser Akt der Befugniszuweisung ist zu unterscheiden von einer Zuerkennung von Rechten durch bereits installierte und nunmehr „staatliche" Organe.

Wer es also ablehnt, Art. 6 II 1 GG als Bezugnahme auf „Vorgegebenheiten" zu deuten, gelangt damit keineswegs zum staatlich verliehenen und staatlich disponiblen Elternrecht, sondern nur zur unmittelbar, sozusagen an den staatlichen Institutionen „vorbei" erfolgenden und im Kern mit Bestandskraft für die gesamte Geltungsdauer des Grund-

---

[20] Dem widersprachen (später zurückgenommene) Äußerungen im Zweiten Familienbericht der Bundesregierung, BT-Drucks. 7/3502, S. 120.

I. Rechtsgrundlage

gesetzes ausgestatteten Zuweisung an die Eltern durch den Verfassungsgeber.

(2) Angesichts mancher Beiträge zur Diskussion um das Elternrecht ist darauf hinzuweisen, daß die uneingeschränkte Geltung des Art. 6 II 1 GG unabhängig davon besteht, ob sich diese Regelung in einer allgemein als akzeptabel empfundenen Weise sachlich legitimieren läßt:

Für den Bestand des Elternrechts unter dem Grundgesetz ist es ohne Belang, ob sich die in Art. 6 II 1 GG getroffene Entscheidung „objektiv" als „optimal" erweisen läßt[21]. Diese Entscheidung hat Bestand auch dann, wenn sie etwa aus soziologisch-psychologisch-anthropologischen Gründen angegriffen und in ihrer Legitimation in Zweifel gezogen wird. Deshalb ist es für die juristische Erörterung z. B. ohne Bedeutung, ob das familiäre Erziehungsrecht der Eltern bestimmten politischen Zielen entgegenstehe. Dies macht es erforderlich, die vielzitierten Äußerungen aus dem Zweiten Familienbericht der Bundesregierung[22] zurückzuweisen: Selbst wenn das weitreichende elterliche familiäre Erziehungsrecht des Grundgesetzes „die soziale Ungleichheit perpetuieren" sollte, könnte die Entscheidung des Verfassungsgebers jedenfalls durch den einfachen Gesetzgeber nicht korrigiert werden.

Art. 6 II 1 GG als Grundlage des Elternrechts ist auch nicht davon abhängig, daß die überaus positiven Schilderungen familiären Erziehungsgeschehens zutreffen, wie sie bei „Verteidigern" möglichst weit reichender elterlicher Befugnisse immer wieder begegnen[23]. Diese Beschwörung familiärer „Idyllen" ist durchaus nicht ungefährlich. Sie provoziert geradezu die These, die (volle) Anwendbarkeit des Art. 6 II 1 GG bestimme sich danach, ob solche „Idealgemälde" im Einzelfalle zutreffen und das Elternrecht entfalle schon dann, wenn und weil Eltern die ihnen zugeschriebenen Idealfunktionen nicht erfüllten[24]. Die familiäre Erziehung ist den Eltern schlechthin zugewiesen und nicht nur für den Fall besonders günstiger Familienverhältnisse. Sicherlich gibt es Grenzen des Elternrechts, über die sogleich zu sprechen sein wird; aber sie verlaufen keinesfalls dort, wo der („objektiv" ohnehin schwer zu

---

[21] Auch wer totalitärstaatliche Erziehungspraktiken (vgl. oben Fn. 18) für vorzugswürdig hält, ist an das geltende Grundgesetz gebunden.

[22] BT-Drucks. 7/3502, S. 71.

[23] Vgl. etwa *Geiger*, Kraft und Grenze elterlicher Erziehungsverantwortung unter den gegenwärtigen gesellschaftlichen Verhältnissen, in: Essener Gespräche zum Thema Staat und Kirche, Bd. 14, Münster 1980, S. 9 ff. (11 f., 24, 28, 40); *Ossenbühl* (Fn. 2), S. 65, 142, 144.

[24] Zur teilweise tristen Realität vgl. *Geiger* selbst (Fn. 23), S. 13 ff.; abschwächend *Ossenbühl* (Fn. 2), S. 65, 142. Ein „funktionelles" Elternrechtsverständnis findet sich auch bei *Pirson* (Diskussionsbeitrag), Essener Gespräche zum Thema Staat und Kirche, Bd. 14, Münster 1980, S. 46.

umreißende) Bereich „vorbildlicher" Erziehungstätigkeit verlassen wird[25].

II. Rechtsnatur

(1) Seiner Rechtsnatur nach ist das Elternrecht ein *Grundrecht* der Eltern. Als Abwehrrecht schützt es sie gegen staatliche Eingriffe bei der Pflege und Erziehung der Kinder. Dabei ist das Grundrecht als solches staatsgerichtet, nicht kindgerichtet[26]; indem aber ein elterliches Recht bestimmten Inhalts gegen staatliche *Eingriffe* geschützt wird, ist natürlich auch dieser Inhalt (nämlich „Pflege und Erziehung") in seinem Bestande geschützt. Art. 6 II 1 GG gibt den Eltern also durchaus ein Recht gegenüber dem Kind (wenn auch kein Grundrecht), das sodann dem staatlichen Zugriff grundsätzlich entzogen wird[27].

(2) Art. 6 II 1 GG wird gelegentlich auch als *„Institutsgarantie"* bezeichnet[28]. Soweit man damit ausdrücken will, daß die Vorschrift auch eine objektivrechtliche Schutzkomponente besitze, also neben individuellen Elternrechten auch die objektive Rechtseinrichtung „Elternrecht" verbürge, ist dies unbedenklich.

Nur muß klar sein, daß hieraus ein, gegenüber einem rein individualrechtlichen Verständnis erhöhter Schutz des Elternrechts nicht abzuleiten ist. Es liegt hier anders als etwa beim Eigentum. Dort wird als subjektives Eigentum nur geschützt, was der vom Gesetzgeber getroffenen objektivrechtlichen Eigentumsinhaltsbestimmung unterfällt (Art. 14 I 2 GG). Andererseits will Art. 14 I 1 GG offensichtlich ausschließen, daß es auf diese Weise zu einer völligen Aushöhlung des Eigentums kommt. Daher ist es notwendig, den Gesetzgeber an eine Mindestgarantie objektiven Eigentumsrechts zu binden. Diese Mindestgarantie

---

[25] Art. 6 II 1 ist übrigens auch nicht dadurch in seiner Geltungsintensität zu erschüttern, daß man ihn herabstuft zu einer heute nicht mehr „wörtlich" zu nehmenden bloßen Reaktion auf bestimmte historische Traumata (in Gestalt von Erinnerungen an den Kulturkampf der römisch-katholischen Kirche gegen die preußisch-protestantische Schulbürokratie und gegen sozialistische Bestrebungen; an die Perversion in der nationalsozialistischen Erziehungsdiktatur oder an die in der Entstehungszeit des Grundgesetzes beobachtbaren staatlichen Erziehungspraktiken in der damaligen SBZ (vgl. dazu F. *Hufen*, Elternrecht — Schranke und Maßstab staatlicher Sexualpädagogik?, in: K. Pacharzina / K. Albrecht-Désirat (Hrsg.), Konfliktfeld Kindersexualität, Frankfurt/M. 1978, S. 69 ff., 75).

[26] Dazu *Böckenförde* (Fn. 2), S. 59 u. 61 m. Nachw.

[27] Diese Vorstellung eines Abwehrrechts und eines staatsfreien Raumes bedeutet noch nicht, daß den Eltern in allen das Kind betreffenden Fragen ein, nur durch das staatliche Wächteramt beschränktes, ausschließliches Bestimmungsrecht eingeräumt würde. Es wird zu zeigen sein, daß für den schulischen Bereich eine verfassungsrechtliche Sonderregelung der Einwirkungszuständigkeit besteht.

[28] So *Ossenbühl* (Fn. 2), S. 43, 126 m. w. Nachw.

läßt sich über die Annahme der Gewährleistung eines *Kerns* des objektivrechtlichen Eigentumsinstituts erreichen. Die Annahme der Institutskerngarantie[29] bewirkt also einen Eigentumsschutz, der anderenfalls im Hinblick auf die Inhaltsbestimmungsbefugnis des Gesetzgebers nicht gegeben wäre[30].

Anders liegt es bei Art. 6 II 1 GG. Hier ist das Schutzgut „Elternrecht" zwar einer Konkretisierung, einer näheren Ausgestaltung, nicht aber (wie nach Art. 14 I 2 GG das Eigentum) einer echten inhaltlichen Veränderung durch den Gesetzgeber ausgesetzt; es ist im Grundgesetz selbst seinem Umfange nach abschließend umschrieben. Es besteht also nicht die Gefahr einer Aushöhlung individueller Rechte mittels Umgestaltung der objektiven Rechtslage, da jede objektive Rechtsgestaltung im Bereiche des Elternrechts von vorneherein wegen Verletzung subjektiver Elternrechte unstatthaft ist, sofern sie sich nicht im Rahmen jenes Konkretisierungsprozesses bewegt. Der Annahme einer über die Beachtung der individuellen Rechtspositionen der Eltern hinausgehenden Bindung des Gesetzgebers bedarf es also bei Art. 6 II 1 GG nicht.

III. Inhalt

Seinem Inhalte nach erstreckt sich das Elternrecht laut Art. 6 II 1 GG auf die beiden Bereiche der „Pflege" und der „Erziehung". Der Pflege wird man dabei eher die physische Existenzsicherung zurechnen, der Erziehung die Vermittlung von Wissen und die wertbezogene, also religiös-sittlich-weltanschaulich-politische Einwirkung[31].

Art. 6 II 1 GG gibt den Eltern also ein Recht zur Einwirkung auf das Kind ohne staatliche Störung, das eigentliche Erziehungsrecht *(Erziehungsrecht i. e. S.)*. Der Streit um die Kennzeichnung dieses Rechts als eines „*Herrschaftsrechts*"[32] mag hier auf sich beruhen. Gewiß ist es wünschenswert, daß sich Erziehung nicht als einseitiger Prozeß voll-

---

[29] Diese Bezeichnung ist zutreffender als die der „Institutsgarantie". Garantiert wird nicht das Institut Eigentum, verstanden als die zu einem bestimmten Zeitpunkte geltende objektivrechtliche Eigentumslage; diese ist (gemäß Art. 14 I 2) durchaus Veränderungen unterworfen, soll aber in ihrem „Kern" bestandskräftig sein.

[30] Wobei die ebenfalls denkbare Kernbereichswahrung durch Art. 19 II oder durch einfache normlogische Erwägungen betreffend das Verhältnis von Art. 14 I 1 und 14 I 2 hier ausgeklammert bleibe.

[31] Die Terminologie ist aber nicht einheitlich; vgl. etwa *Maunz / Dürig / Herzog / Scholz*, Rz. 24 zu Art. 6 GG mit allerdings nicht überzeugender Abgrenzung (Sorge ... für die geistige Entwicklung als Teil der Pflege, Sorge für die ... Bildung durch die Entfaltung der Fähigkeiten des Kindes als Teil der Erziehung).

[32] *Böckenförde* (Fn. 2), S. 59 f.; dagegen *Ossenbühl* (Fn. 2), S. 52.

ziehe, sondern als eine von Liebe geprägte gegenseitige menschlich-personale Begegnung[33]. Freilich: beim Kleinkind wird man um die Anerkennung eines hohen Maßes an einseitiger elterlicher Bestimmung nicht herumkommen; außerdem wird es reichlich Fälle geben, in denen die Eltern dem so entworfenen Erziehungsideal nicht entsprechen, ohne daß dies dem Bestande ihres elterlichen Bestimmungsrechts Abbruch täte.

Die elterliche Erziehungsposition (und dies wird später bedeutsam werden) ist damit aber noch nicht erschöpfend gekennzeichnet. Neben dem eigentlichen Erziehungsrecht findet sich eine zweite Komponente des Elternrechts: Die Eltern sind auch dazu berufen, die Rechte (v. a. die Grundrechte[34]) des Kindes nach außen hin wahrzunehmen[35]. Sie wirken dann nicht *auf* das Kind ein, sondern handeln *für* das Kind, in einer Art von „treuhänderischer" Stellung[36]. Wehren sich Eltern beispielsweise gegen Züchtigungen ihres Kindes in der Schule, so handeln sie im Sinne der zweiten Elternrechtskomponente, greifen sie selbst zum Mittel körperlicher Züchtigung, so machen sie von ihrem eigenen Einwirkungsrecht Gebrauch[37].

IV. Grenzen (Bindungen) des Elternrechts

(1) Unzweifelhaft ist zunächst, daß es überhaupt derartige rechtlich einforderbare Bindungen geben muß. Bloße Appelle an die Eltern

---

[33] *Ossenbühl* (Fn. 2), S. 49/50.

[34] Zu der Besonderheit, daß die Eltern bestimmte Grundrechte des Kindes ihrerseits erst inhaltlich bestimmen müssen, s. unten A IV 7 a und C II (vor 1).

[35] Bedeutsam ist im weiteren nur die Geltendmachung von Kindesrechten gegenüber dem *Staat*. Im Verhältnis zu privaten Dritten ist auf das einfachgesetzlich ausgestaltete elterliche Sorgerecht des BGB zurückzugreifen.

[36] Nur für *diese* Elternrechtskomponente sollte der Ausdruck „treuhänderisch" verwendet werden. Demgegenüber wird die Rechtsstellung der Eltern oft insgesamt als treuhänderisch bezeichnet (vgl. *Böckenförde* [Fn. 2], S. 64). Man gerät dann, unter Hinzufügung der Pflichtkomponente des Elternrechts und unter Betonung der in der Treuhand angelegten Fremdnützigkeit zu einer starken, ja ausschließlichen Betonung der Kindesinteressen und in die Gefahr einer Deutung des Elternrechts als eines „Amtes", einer „Organstellung"; die Absetzung von solchen Tendenzen gerät dann nicht immer überzeugend, vgl. *Ossenbühl* (Fn. 2), S. 50—53, u. a. in Auseinandersetzung mit *A. Lüderitz*, Elterliche Sorge und privates Recht, AcP 178 (1978), S. 263 (267) u. *W. Schmitt Glaeser*, Das elterliche Erziehungsrecht in staatlicher Reglementierung, Bielefeld 1980, S. 54.

[37] Im letzteren Falle kann mit einer Treuhandstellung der Eltern nicht argumentiert werden, denn sie können nicht sich selbst gegenüber als Treuhänder des Kindes auftreten. In diesem Bereiche ließe sich eher dem Staate eine Art von Treuhandstellung zusprechen, der bei einem Überschreiten der Grenzen elterlicher Erziehung kraft seines Wächteramtes zur Wahrnehmung der Belange des Kindes berufen ist.

IV. Grenzen (Bindungen) des Elternrechts

wären unzureichend und würden im Ergebnis eine nicht akzeptable vollständige rechtliche Ungebundenheit im Eltern-Kind-Verhältnis bedeuten[38].

(2) Wir fragen nach Bindungen des Elternrechts i. S. v. Art. 6 II 1 GG. Dies ist nicht gleichbedeutend mit der Frage nach der „räumlich-sachlichen" Reichweite dieses Rechts. Soweit etwa kraft bestehender Sonderregelungen für die Schule das Elternrecht sich dort *nicht* auswirken sollte, wäre dies keine Bindung des Elternrechts im hier gemeinten Sinne, sondern eine „apriorische" Begrenzung des Normbereichs von Art. 6 II 1 GG.

(3) Das Grundgesetz selbst enthält keine *staatlich verordneten Erziehungsziele* oder sonstigen ausdrücklichen Einschränkungen des Elternrechts[39]. Zwar wird in Art. 6 II 1 GG den Eltern die Erfüllung dessen, wozu diese Vorschrift sie berechtigt, zugleich zur *Pflicht* gemacht. Hierin liegt eine Besonderheit des Elternrechts, die sich aber zwangsläufig ergibt. Wenn die familiäre Erziehung als eine allein elterliche Befugnis ausgestaltet ist und wenn man davon ausgeht, daß Kinder erzogen werden *müssen*, dann ergibt sich zwingend, daß die Eltern zur Ausübung ihres Erziehungsrechtes auch verpflichtet sind. Die Pflichtbindung ist demnach keine *Beschränkung* des Elternrechts, sondern nicht hinwegzudenkender Bestandteil desselben[40].

(4) Es finden sich allerdings familiäre Erziehungsziele in manchen *Länderverfassungen*[41]. Für die weitere Erörterung können diese jedoch beiseite gelassen werden: Landesrechtlich festgelegte Erziehungsziele können allenfalls landesweit gelten, sind also für die Bestimmung der bundesrechtlichen Dimension des Elternrechts zu vernachlässigen. Man wird den genannten Vorschriften rechtliche Bedeutung aber auch auf Landesebene nicht zubilligen können. Sofern ihnen nicht ohnehin der Charakter beliebig auffüllbarer Leerformeln zukommt, lassen sie sich

---

[38] Dazu *Böckenförde* (Fn. 2), S. 71, 124.

[39] Ebenso *Böckenförde* (Fn. 2), S. 57, 65; *Ossenbühl* (Fn. 2), S. 59; anders noch Art. 120 WRV: Erziehung des Nachwuchses zu leiblicher, seelischer und geistiger Tüchtigkeit oberste Pflicht und natürliches Recht der Eltern; vgl. aber BVerfGE 56, 363 (381, 384), wo u. a. das Programm des § 1 JWG (leibliche, seelische und gesellschaftliche Tüchtigkeit) als Erziehungsziel bezeichnet wird.

[40] Vgl. BVerfGE 24, 119 (Adoptionsrecht), S. 143: „wesensbestimmender Bestandteil"; s. auch *Maunz / Dürig / Herzog / Scholz*, Rz. 25 j zu Art. 6 GG; *Leibholz / Rinck*, Rz. 6 zu Art. 6 GG. *Hasso Hofmann*, Grundpflichten als verfassungsrechtliche Dimension, VVDStRL 41, S. 73/74.

[41] In Hessen z. B. in Art. 55: Gemeinsinn, leibliche, geistige und seelische Tüchtigkeit. Weitere Nachw. bei *Böckenförde* (Fn. 2), S. 57, Fn. 15 und 16 sowie *Häberle* (Fn. 2), S. 50 ff. (H. spricht von „Interpretationshilfen" für die elterliche Erziehung (S. 55), zieht aber keine klaren Folgerungen aus dem *Fehlen* von Erziehungszielen in Art. 6 II).

mit der bundesrechtlichen, weitergehenden Freiheitsverbürgung des Art. 6 II 1 GG nicht vereinbaren[42].

(5) Grenzen des Elternrechts könnten sich aus *Art. 6 II 2 GG* ergeben. Diese Vorschrift gibt dem mit einer Überwachungsfunktion betrauten Staate ein Eingriffsrecht für den Fall, daß die Grenzen des Elternrechts überschritten werden, ohne daß die Vorschrift selbst aber ausdrückliche Aussagen über den Verlauf dieser Grenzen machte. Art. 6 II 2 GG ist insoweit nur *formelle* Eingriffsermächtigung für den Fall einer anhand anderer „grenzziehender" Vorschriften zu ermittelnden Grenzüberschreitung bei der Ausübung des Elternrechts.

Daneben lassen sich der Vorschrift möglicherweise auch gewisse *materielle* Grenzen des Elternrechts entnehmen. Aus der Zuweisung eines Wächteramtes an die „staatliche Gemeinschaft" ließe sich folgern, die elterliche Erziehung habe sich in gemeinschaftsverträglichen Grenzen zu bewegen, müsse also auf die Einhaltung der formellen Verhaltensregeln dieser Gemeinschaft gerichtet sein. Dem soll jedoch nicht weiter nachgegangen werden; die damit angedeuteten Grenzen des elterlichen Erziehungsrechts lassen sich auch auf andere, sogleich darzustellende Weise gewinnen.

(6) Als eine Begrenzung des Elternrechts mag es erscheinen, wenn dem Kinde von der Rechtsordnung in bestimmten Bereichen eine (Grundrechts-)Mündigkeit als *Teilmündigkeit* schon vor Erreichen des Volljährigkeitsalters zugestanden wird. Das Gesetz über die religiöse Kindeserziehung oder § 112 BGB seien als Beispiele genannt[43]. Freilich wird hier nicht ein *vorhandenes* Elternrecht *begrenzt,* sondern es wird durch partielle Vorverlegung der Mündigkeit das Elternrecht ver-

---

[42] *Ossenbühl* (Fn. 2), S. 39, 59. *Evers* (Fn. 191), S. 459/60. Möglicherweise fehlt es auch schon an einer Landeskompetenz für die Festlegung (außerschulischer) Erziehungsziele, vgl. *Böckenförde* (Fn. 2), S. 59 m. Nachw.

[43] Weitere Fälle bei *D. V. Simon,* Die Reform des Rechts der elterlichen Sorge, in: Essener Gespräche zum Thema Staat und Kirche, Bd. 14, Münster 1980, S. 128 ff. (132). Allgemein zur Grundrechtsmündigkeit *Bleckmann* (Fn. 10), S. 295 ff. m. Nachw. in Fn. 1. — Auf die Frage nach dem Grundrechts-Mündigkeitsalter braucht, wie bereits dargelegt, im weiteren nicht eingegangen zu werden. Eine vor der Volljährigkeitsgrenze etwa eintretende Mündigkeit hinsichtlich bestimmter Grundrechte kann lediglich dazu führen, daß der vom Augenblick der Volljährigkeit an generell bestehende Rechtszustand partiell vorverlegt wird; insoweit entfällt dann jede spezifisch elternrechtliche Problematik. Da das Grundgesetz selbst über die Grundrechtsmündigkeit bzw. das Erlöschen des Elternrechts schweigt, hat der Gesetzgeber bei etwaigen Festlegungen einen weiten Gestaltungsspielraum. Unzutreffend daher die Bedenken von *Peters* (Fn. 2), S. 394 und *W. Hofmann,* Die religiöse Kindererziehung in verfassungsrechtlicher Sicht, FamRZ 1965, S. 61 (64) gegen das Gesetz über die religiöse Kindererziehung. Länderverfassungen mit von diesem Gesetze (im Hinblick auf den schulischen Religionsunterricht) abweichenden Regelungen (vgl. z. B. Art. 35 I Verfassg. Rh-Pf) verstoßen mithin gegen wirksames Bundesrecht.

IV. Grenzen (Bindungen) des Elternrechts

drängt⁴⁴. Es handelt sich nicht lediglich um eine „situationsgerechte Ausübung" eines fortbestehenden Elternrechts⁴⁵. Vielmehr liegt es hier (partiell) ebenso wie (generell) beim Erreichen des Volljährigkeitsalters, wo doch unzweifelhaft ein „Weichen" des Elternrechts anerkannt werden muß⁴⁶.

(7) Da Art. 6 GG (wenn man Abs. 2 Satz 2 und Abs. 3 dieser Vorschrift zutreffend nur als *Mißbrauchsschranke* versteht, die freilich noch der Konkretisierung bedarf) keinen Einschränkungsvorbehalt enthält, finden sich Grenzen des Elternrechts möglicherweise in Form von „*immanenten*" *Gewährleistungsschranken*, wie sie sich aus grundrechtlich geschützten Positionen Dritter oder sonstigen Verfassungsschutzgütern ergeben können⁴⁷.

(a) Zu denken ist zunächst an eine Begrenzung des Elternrechts durch *Kindesgrundrechte*. Eine unmittelbare Geltung von Grundrechten im (privaten) Eltern-Kind-Verhältnis kann allerdings nicht angenommen werden. Man hat daher versucht, mit einer Art mittelbarer Grundrechtswirkung zu arbeiten: Den Grundrechten eigne eine Ausstrahlungswirkung; da in ihnen das „Menschenbild des Grundgesetzes" verkörpert sei und dieses für die Eltern als Erziehungsziel zu gelten habe, ergäben sich über jene Ausstrahlungswirkung „Direktiven und Begrenzungen" für das Elternrecht⁴⁸.

Dieser Vorschlag vermag nicht zu befriedigen. Er geht von einer Verpflichtung der elterlichen Erziehung auf ein grundgesetzliches Menschenbild aus und postuliert damit eine (wie zu zeigen sein wird) aus Art. 6 GG nicht zu entnehmende Beschränkung des Elternrechts.

---

⁴⁴ Vgl. *Böckenförde* (Fn. 2), S. 67: „Gegenstandslosigkeit" des Elternrechts; s. auch BVerfGE 59, 360 (382).

⁴⁵ So aber *Ossenbühl* (Fn. 2), S. 56.

⁴⁶ Übrigens bedeutet Religionsmündigkeit keineswegs das Ende des elterlichen Erziehungsrechts im gesamten weltanschaulichen Bereich. So wenig unter Berufung auf das Elternrecht die im Gesetz formalisierte Religionsmündigkeit des Kindes unterlaufen werden darf, so wenig darf diese Teilmündigkeit als Hebel für eine weitreichende Außerkraftsetzung des Elternrechts verstanden werden. Das elterliche Erziehungsrecht weicht, aber nur so weit, wie Verhaltensweisen des Kindes im sittlichen und kultischen Bereich betroffen sind, die notwendig aus seiner Bekenntnisentscheidung folgen.

⁴⁷ BVerfGE 28, 243 (261); *K. Hesse*, Grundzüge des Verfassungsrechts, 13. Aufl. 1982, Rz. 308 ff.; *Maunz / Zippelius* (Fn. 100), S. 148 f. In diese Richtung geht wohl auch *Böckenförde* (Fn. 2), S. 66: „elementare Sozialverträglichkeit" als Elternrechtsgrenze. Ablehnend *Ossenbühl* (Fn. 2), S. 61, wegen der „Introvertiertheit" des Elternrechts (dies in einem gewissen Widerspruch zur Behauptung des Hinauswirkens des Elternrechts in die Schule und unter Verkennung der aus Art. 6 II 2 zu entnehmenden Sozialrelevanz der elterlichen Erziehung); die von O. statt dessen herangezogene „Verfassungssubstanz" kann in dieser Allgemeinheit als Erziehungsschranke für die *Eltern* nicht nutzbar gemacht werden (dazu unten A IV 7 b und A IV 10).

⁴⁸ *Ossenbühl* (Fn. 2), S. 55 f.

Vor allem aber dürfte der Rolle der Grundrechte im Eltern-Kind-Verhältnis nicht beizukommen sein, wenn man es bei der pauschalen Behandlung eben „der" Grundrechte beläßt. Hier wird vielmehr eine Differenzierung erforderlich. Man wird zwischen zwei Gruppen von Grundrechten unterscheiden müssen:

— Es gibt Grundrechte (etwa die Religions- und Weltanschauungs- oder die allgemeine Entfaltungsfreiheit), die sich dem Kinde allein (diesseits hier nicht näher zu bestimmender Grundrechtsmündigkeitsgrenzen) gar nicht mit einem bestimmten Inhalte zuweisen lassen. Das Kind ist vielfach gar nicht in der Lage, die zur Ausübung dieser Grundrechte notwendigen eigenen Positionen zu entwickeln. Der Gehalt dieser Kindesgrundrechte läßt sich nicht „objektiv" bestimmen, d. h. er existiert überhaupt nicht unabhängig von seiner vorherigen Festlegung durch die Eltern[49].

Insoweit kann es überhaupt nicht zu einer Kollision zwischen Elternrecht und Kindesgrundrechten kommen. Es treffen hier nicht unabhängige Grundrechtssphären aufeinander, die wechselseitig abzugleichen wären. Das Elternrecht kollidiert nicht quasi „zufällig" mit diesen Grundrechten[50]. Vielmehr hat das Elternrecht den Kontakt zur kindlichen Grundrechtssphäre im Sinne ihrer inhaltlichen Festlegung gerade zum typischen Inhalt. Den Eltern sind in diesem Bereiche nicht inhaltlich bereits festliegende Kindesgrundrechte vorgegeben, in die sie „von außen" her eingreifen würden[51]; ein staatlicher Schutz des Kindes und seiner Grundrechte findet insoweit nicht statt.

— Daneben gibt es freilich eine andere Gruppe von Kindesgrundrechten[52]. Sie heben sich von den eben genannten dadurch ab, daß hier

---

[49] Insofern scheint mir Zurückhaltung geboten hinsichtlich der Anerkennung eines zeitlich weit nach vorne verlegten Persönlichkeitsrechts des Kindes (vgl. *Erwin Stein*, Die rechtsphilosophischen und positiv-rechtlichen Grundlagen des Elternrechts, in: Stein / Joest / Dumbois, Elternrecht, Heidelberg 1958, S. 5 ff.; *Ekk. Stein*, Das Recht des Kindes auf Selbstentfaltung in der Schule, Neuwied / Berlin 1967, S. 30 ff.; *Böckenförde* (Fn. 2), S. 89). Soweit man damit auf den Schutz der (inhaltlich „objektivierbaren") Menschenwürde zielt, bestehen keine Bedenken; ansonsten bleibt aber zu beachten, daß es die Eltern sind, die Art und Weise der Entfaltung der kindlichen Persönlichkeit bestimmen und insoweit diese Persönlichkeit erst zustandebringen.

[50] Insoweit zutreffend *Ossenbühl* (Fn. 2), S. 55 f.

[51] Unzutreffend ist auch die Annahme, die Eltern nähmen diese Grundrechte *für* das Kind wahr, das sich erst zur Grundrechtsmündigkeit entwickeln müsse (*Böckenförde* (Fn. 2), S. 64). Es geht hier nicht um die Wahrnehmung von Kindesgrundrechten, deren Inhalt objektiv oder kraft vorhergehender elterlicher Inhaltsbestimmung festliegt, sondern um die Ausübung dieser letztgenannten Bestimmungsmacht selbst, die es von vorneherein ausschließt, daß in diesem Bereiche eine Kollision des Elternrechtes mit Kindesrechten überhaupt entstehen kann.

[52] Dies ist hervorzuheben gegenüber der Auffassung, im Eltern-Kind-Verhältnis seien Kollisionen mit Kindesgrundrechten schlechthin ausgeschlossen (so etwa *Ossenbühl* (Fn. 2), S. 53 ff.).

IV. Grenzen (Bindungen) des Elternrechts

der Grundrechtsinhalt „objektivierbar" erscheint. Er muß nicht erst von den Eltern inhaltlich festgelegt werden. Zu nennen wären hier vor allem Leben, körperliche Unversehrtheit, Menschenwürde des Kindes[53] oder auch die kindliche Vermögenssphäre. (Insoweit besteht also von Anfang an „Grundrechtsmündigkeit" des Kindes.) Mit ihrer Aufzählung wird nichts anderes umschrieben als der nach unserer Rechtsordnung unzweifelhaft feststehende, und auch einem noch so weit gefaßten „Interpretationsprimat" der Eltern entzogene Teil des Kindeswohles.

Hatte sich bei der ersten Kategorie von Grundrechten deren völlige Irrelevanz für die Frage der Grenzen des Elternrechts (und also auch das Fehlen jeglicher Ausstrahlungswirkung) erwiesen, so zeigt sich bei der zweiten Kategorie von Grundrechten, daß die Annahme einer *bloßen* Ausstrahlungswirkung der Bedeutung dieser Rechte für das Eltern-Kind-Verhältnis nicht ausreichend gerecht würde. Insoweit muß vielmehr definitiv von einer Gewährleistungsschranke des Elternrechts ausgegangen werden. Dies läßt sich erreichen, indem man von einer *Schutzpflicht* und damit einem Schutzrecht des Staates zugunsten etwa beeinträchtigter Kindesgrundrechte dieser Art ausgeht[54]. Der Staat darf und muß demnach diese grundrechtlichen Positionen des Kindes gegebenenfalls auch gegenüber den Eltern schützen.

Nun entledigt sich der Staat derartiger Schutzpflichten vor allem durch die Schaffung strafrechtlicher Normen, die natürlich auch im Eltern-Kind-Verhältnis Geltung beanspruchen. Doch bedarf es (wegen der Sonderstellung der Eltern) zum Schutze des Kindes über die normalen strafrechtlichen Konsequenzen eines entsprechenden elterlichen Verhaltens hinaus — oder auch an Stelle solcher Konsequenzen — besonderer Sanktionsmöglichkeiten in Form von staatlichen Eingriffen, wobei nach richtiger Betrachtung hiervon nur die *tatsächliche* Position der Eltern betroffen wird, da sie die Grenzen ihres Eltern*rechts* bereits überschritten haben. Folgerichtigerweise existieren mit Art. 6 II 2 und 6 III GG sowie dem sie konkretisierenden einfachen Gesetzesrecht ausdrückliche Normierungen, die ein dieser speziellen Schutzaufgabe entsprechendes staatliches Eingreifen gestatten. Wenn also Eltern dem Kinde beispielsweise die existentiellen Lebenssubsidien vorenthalten,

---

[53] Siehe dazu § 1631 II BGB. Die Objektivierbarkeit dieser Positionen ermöglicht also eine Konkretisierung der kindlichen Rechtsstellung im einfachen Gesetzesrecht.

[54] Vgl. die Schutzpflicht-Konstruktion in BVerfGE 39, 1 (§ 218 StGB), S. 42; s. auch E 24, 119 (Adoptionsrecht), S. 143 f.; *Maunz / Dürig / Herzog / Scholz*, Rz. 26 zu Art. 6 GG; *Erichsen* (Fn. 2), S. 13: Die Grundrechte des Kindes als „Kindeswohl" i. S. d. § 1627 BGB. — Zu ihrer Begründung kann auf den objektivrechtlichen, drittschutzfordernden Gehalt der Grundrechte oder auf die mittelbare Verantwortlichkeit des Staates für die den Individuen, hier den Eltern gegenüber den Kindern eingeräumten Einwirkungsrechte zurückgegriffen werden.

verletzen sie objektiv umschreibbare grundrechtlich abgesicherte Rechtspositionen des Kindes, für deren Wahrung sich dann das staatliche Wächteramt einsetzen läßt[55].

Abzulehnen ist allerdings die Annahme eines den Eltern gegenüber wirkenden und gegebenenfalls staatlich durchzusetzenden „Kindesgrundrechtes auf *optimale Erziehung*"[56]. Was „optimale" Erziehung sei, kann und darf angesichts des auch in diesem Bereiche zulässigerweise bestehenden Meinungspluralismus nicht abschließend fixiert werden. Außerdem ist in Art. 6 II 1 den Eltern das Erziehungsrecht ohne die Bindung an ein solches „Optimum" zugewiesen. Die Institutionalisierung des staatlichen Wächteramtes will ein „Pessimum" an Erziehung zwar hintanhalten, hindert im übrigen die Eltern aber nicht an der Entfaltung von nur mäßigen pädagogischen Qualitäten.

(b) Als immanente Schranke des Elternrechts bieten sich neben den Kindesgrundrechten auch sonstige Schutzgüter der Verfassung an, v. a. die staatliche *Rechtsordnung* (etwa Strafrechtsnormen[57]) oder die Staatsstrukturbestimmungen des Art. 20 GG.

Eine Stellungnahme hierzu setzt voraus, daß man die kindliche Erziehung als einen „familieninternen" Vorgang erkennt. Die Eltern handeln hier nicht, wie sonst im Rechtsleben, mit „Außenwirkung". Sie verbleiben bei der Einwirkung auf ihre Kinder in gewisser Weise „bei sich selbst".

Daraus folgt: Eltern dürfen jede Anschauung zum Erziehungsinhalt machen, deren sie auch selbst in ihrer eigenen Person von Rechts wegen anhängen dürfen. So wie sie selbst nicht gehalten sind, Wertvorstellungen der staatlichen Rechtsordnung als „richtig" hinzunehmen und also eine ablehnende Einstellung zur geltenden Rechtsordnung haben dürfen[58], können sie diese Einstellung im Erziehungsprozeß weitergeben. Aber so wie die Eltern selbst sich an die (innerlich abgelehnte) Rechtsordnung zu halten haben[59] und auf deren Veränderung nur gemäß den

---

[55] Siehe dazu auch o. Fn. 37.
[56] Dazu *Ossenbühl* (Fn. 2), S. 68, Fn. 3; S. 141.
[57] Die Rede ist hier nicht von der Verpflichtung der Eltern, sich gegenüber ihrem Kinde keiner strafrechtlichen Verfehlungen schuldig zu machen, sondern von der Verpflichtung, das *Kind* zur Beachtung der geltenden (Straf-) Rechtsnormen anzuhalten.
[58] *v. Mangoldt / Klein*, Anm. IV 5 b zu Art. 6 GG, nehmen eine Bindung der Eltern an die „verfassungsmäßige Ordnung" i. S. d. Art. 2 I an (ebenso z. B. *F. Hill*, Das natürliche Eltern-Recht aus verfassungs- und zivilrechtlicher Sicht, RdJ 1972, S. 136 (138); *E. V. v. Münch*, in: I. v. Münch (Hrsg.), GG-Kommentar, Bd. 1, 2. Aufl. 1981, Rz. 17 zu Art. 6). Selbst wenn man die Anwendbarkeit des Art. 2 I auf Art. 6 II bejahen wollte, ergäbe sich daraus aber nichts, was über die Verpflichtung zur *äußeren Beachtung* dieser „verfassungsmäßigen Ordnung" hinausginge.

IV. Grenzen (Bindungen) des Elternrechts

hierfür vorgesehenen Verfahren hinarbeiten dürfen, so dürfen sie auch das Kind nicht zur Übertretung der geltenden materiellen und verfahrensrechtlichen Regelungen, d. h. nicht zum Rechtsbruch erziehen. Erforderlich ist also eine Erziehung zur Akzeptierung der Rechtsordnung im Sinne ihrer Einhaltung, nicht aber ihrer inneren Bejahung.

(8) Grenzen des Elternrechts lassen sich möglicherweise aus dem *Begriff von „Pflege" und „Erziehung"* gewinnen[60]. Dieser Gesichtspunkt ist von dem der „immanenten" Schranken schwer zu trennen[61], verdient aber doch gesonderte Hervorhebung. Das Erziehungsrecht der Eltern erstreckt sich auf „Pflege und Erziehung" des Kindes. Seine Ausübung ist den Eltern zur Pflicht gemacht. Hieraus folgt: Eine Schranke des Elternrechts (und damit die Möglichkeit staatlicher Eingriffe) ist erreicht, wenn es entweder im Ergebnis zu einer Erziehungs*unterlassung* kommt[62] oder wenn eine stattfindende elterliche Aktivität nicht mehr unter den Bedeutungsgehalt von „Pflege und Erziehung" gefaßt werden kann.

Hierher gehören zunächst Nichtversorgung und Verwahrlosenlassen im physischen Sinne. Desgleichen das Unterbleiben der lebensnotwendigen geistigen Förderung. Dabei geht es nicht um sachliche Erziehungsziele, sondern um die Sicherung der Vermittlung eines Minimums an geistigen Elementarfertigkeiten, etwa der Erlernung der Muttersprache.

Das Kind muß weiter, vom Sinn des Wortes „Erziehung" her, zu einem Wesen herangebildet werden, das später zu selbständigen Handlungen in der Lage ist, das „geschäftsfähig" und seine Stellung in der Gesellschaft nach eigenen Entscheidungen einzunehmen in der Lage ist. Man kann diese Erziehung zur mündigen und selbstentscheidungsfähigen Persönlichkeit als formales Erziehungsziel bezeichnen[63], obwohl ihm unbestreitbar materielle Vorstellungen anhaften, die sich freilich aus Art. 6 GG legitimieren lassen. Auch ist die Verfehlung dieses Erziehungszieles ohne größere Schwierigkeiten objektiv feststellbar[64]. Freilich

---

[59] *Maunz*, Lehrplan und Toleranzgebot, RdJB 1976, S. 264 (266): Auch wer sich andere Grundwerte wünscht, muß die in die Verfassung aufgenommenen als verbindliches Recht anerkennen.

[60] Dazu auch *Böckenförde* (Fn. 2), S. 66; *Häberle* (Fn. 2), S. 54.

[61] *Ossenbühl* (Fn. 2), S. 60. Es handelt sich hier jedenfalls nicht um eine „nachträgliche" Beschränkung eines zunächst einmal gewährleisteten Rechts, sondern um die Feststellung eines von vorneherein begrenzten Gewährleistungsumfangs.

[62] Vgl. BVerfGE 56, 363 (§ 1705 BGB), S. 382: Elterliche Erziehungstätigkeit als *Voraussetzung* für das Andauern des Elternrechts.

[63] *Böckenförde* (Fn. 2), S. 65; vgl. auch *Häberle* (Fn. 2), S. 56.

[64] Ablehnend *Ossenbühl* (Fn. 2), S. 62. Die dort vertretene These, das Elternrecht unterliege (nur), gewissermaßen „negativ", einem Verbot mißbräuchlicher *Ausübung*, dürfte aber zu den gleichen Ergebnissen führen wie die

müssen staatliche Eingriffe auf diese objektiv feststellbaren Fälle beschränkt werden. Allgemeine „Verhaltensstörungen" des Kindes können hierfür angesichts der Vagheit dieses Begriffes und des Ausmaßes ihrer Verbreitung nicht ausreichen, es sei denn, sie stellten wegen ihrer Schwere das genannte Erziehungsziel in Frage und ließen sich zudem mit hinreichender Sicherheit auf das Verhalten der Eltern zurückführen.

Ein staatliches Eingreifen erforderndner Fall von Erziehungsunterlassung kann ferner dann eintreten, wenn die beiden Elternteile sich bei einer Entscheidung im Sinne einer „Pattsituation" gegenseitig blockieren[65].

(9) Weniger ergiebig für die Ermittlung von Schranken des Elternrechts ist der oft herausgestellte Gedanke der *Fremdnützigkeit*. Die Pflichtbindung des Elternrechts und seine Sicht als Treuhandstellung fließen dabei mit dem Fremdnützigkeitsaspekt zusammen zu der Vorstellung, die Grundlagen des Elternrechts seien ausschließlich die Interessen und die Persönlichkeitsentfaltung des Kindes[66]. Ein derart verabsolutierter Fremdnützigkeitsgedanke ist aber nicht durchzuhalten:

Das Kriterium der Fremdnützigkeit ist mit Inhalt nur dort zu füllen, wo sich Kindesinteressen tatsächlich objektiv bestimmen lassen[67]. Dort ergibt dann die Pflichtbindung die Notwendigkeit zu fremdnützigem Handeln der Eltern.

Im übrigen, und zwar gerade im Bereiche der weltanschaulichen erzieherischen Einwirkung auf das Kind, erweist sich der Fremdnützigkeitsgedanke als illusorisch. Diese Bildungstätigkeit der Eltern folgt nicht objektivierbaren Kindesinteressen, sondern den *elterlichen* Vorstellungen hiervon. Entsprechend der fehlenden Homogenität der Er-

---

Annahme einer „positiven" Verpflichtung der Eltern im hier beschriebenen Sinne. — Aus dem Erziehungsziel der selbstentscheidungsfähigen Person läßt sich ein Argument gewinnen für eine schon vor der Volljährigkeit einsetzende Beteiligung des Kindes an elterlichen Entscheidungen, wie sie in § 1626 II BGB gefordert wird, vgl. *Böckenförde* (Fn. 2), S. 65, Fn. 49 u. 50; *Häberle* (Fn. 2), S. 57 m. Nachw. Soweit man die Vorschrift unter dem Gesichtspunkt des damit erstrebten Erziehungs*zieles* akzeptiert, lassen sich Bedenken gegen die vorgeschriebenen Erziehungs*mittel* als solche (die sich aus diesem Ziel wohl notwendig ergeben) nicht begründen, s. aber *Schmitt Glaeser* (Fn. 36), S. 13 ff.; *Ossenbühl* (Fn. 2), S. 80 ff. Einwände ergeben sich aber hinsichtlich der Praktikabilität und generellen Realisierbarkeit insbesondere von § 1626 II 2. Die Vorstellung, es lasse sich ein stets in „rationalem Diskurs" ablaufender Erziehungsprozeß verordnen, muß utopisch anmuten und eröffnet in der Tat die Gefahr staatlicher Eingriffe gegenüber intellektuell-argumentativ überforderten Eltern (vgl. *Palandt / Diederichsen*, Anm. 5 a zu § 1626 BGB: „Intellektuellen-Paragraph"). Zur Frage der Justiziabilität der Norm s. noch *D. V. Simon* (Fn. 43), S. 139.

[65] Vgl. dazu § 1628 BGB.
[66] Siehe schon o. Fn. 36.
[67] Dazu o. A IV 7 a (nach Fn. 52).

IV. Grenzen (Bindungen) des Elternrechts

ziehungsauffassungen existiert eine Vielfalt von Erziehungszielen und -methoden, die alle gleichermaßen beanspruchen, „fremdnützig" zu sein. Dies ist keineswegs zu beanstanden; es zeigt nur, daß das Erziehungsrecht durchaus auch ein im Interesse der Eltern gewährtes, ein elterliches „Eigenrecht" darstellt[68]. Die Eltern gestalten bei und mit der Erziehung ihrer Kinder[69] maßgeblich auch die eigene Existenz.

Dieses Eigenrecht der Eltern kann auch nicht als bloßes Recht *auf* Erziehung verstanden werden, während der Erziehungs*inhalt* ganz vom Fremdnützigkeitsgedanken beherrscht werde[70]. Auch und gerade bei den Erziehungsinhalten machen sich die elterlichen Eigeninteressen geltend. Deren Einbringung in das Erziehungsgeschehen steht mit Art. 6 GG, der eine Differenzierung in der angegebenen Richtung nicht enthält, voll in Einklang[71].

(10) *Zusammengefaßt* ergeben sich demnach Bindungen des Elternrechts in folgender Hinsicht: Den Eltern obliegt die Gewährleistung der Existenzsorge für das Kind, die Erziehung zur Selbstbestimmungsfähigkeit und zur Einhaltung der geltenden Rechtsregeln.

Nur wo diese Grenzen des elterlichen Erziehungsrechts überschritten sind, eröffnet Art. 6 II 2 GG mit der Konstituierung des staatlichen Wächteramtes[72] die Möglichkeit staatlicher Eingriffe[73] in das Erzie-

---

[68] Ähnlich *K. Schwitzke*, Verfassungsrechtliche Probleme des Elternrechts im Schulwesen, RdJB 1974, S. 97 (99); *Lüderitz* (Fn. 36), S. 267; *Schmitt Glaeser* (Fn. 36), S. 54; *Peters* (Fn. 2), S. 385.
[69] Wie überhaupt, jedenfalls im Falle „bewußter" Elternschaft, mit deren Zeugung.
[70] So aber *Böckenförde* (Fn. 2), S. 68.
[71] Eine zu starke Betonung des Fremdnützigkeitsgedankens schafft im übrigen ein Einfallstor für staatliche Eingriffe, die mit der Verfehlung dieses Erziehungsgrundsatzes, mit der „Eigennützigkeit" der elterlichen Erziehung also, begründet werden könnten. Wenn *Ossenbühl* (Fn. 2), S. 53, zur Vermeidung dieser Gefahr, den elterlichen Interpretationsprimat hinsichtlich des Kindeswohls und damit der Fremdnützigkeit der Erziehung herausstellt, dann bedeutet dies im Ergebnis die Wiederaufhebung der zunächst behaupteten Bindung des Elternrechts durch den stark betonten Fremdnützigkeitsgedanken. — Die Gefahr staatlicher Ingerenz könnte auch nicht dadurch beseitigt werden, daß man elterliche Erziehung zur objektiv notwendigen Bedingung für das Seinkönnen und die Mündigkeit des Kindes erklärt (so in anderem Zusammenhang *Böckenförde* (Fn. 2), S. 63). Art. 6 III, die Existenz von Waisenkindern und sonstiger elternlos zur Mündigkeit aufgewachsener Kinder (einschließlich z. B. Friedrich II. von Hohenstaufen) beweist, daß mit diesem Satze nur die objektive Notwendigkeit von *Erziehung*, nicht unbedingt von *elterlicher* Erziehung gemeint sein kann. Es bliebe also durchaus Raum für staatliche Erziehungseingriffe im Interesse wirklicher oder vermeintlicher Kindesnützigkeit.
[72] Konkretisiert im einfachgesetzlichen Recht und in Art. 6 III (wiederum in Verbindung mit dem einfachen Gesetzesrecht).
[73] Nicht nur einer reinen Kontroll- und Überwachungstätigkeit, vgl. *Maunz / Dürig / Herzog / Scholz*, Rz. 26 a zu Art. 6 GG.

hungsgeschehen[74]. Der Staat übt also im Anwendungsbereich des Art. 6 GG (d. h. hinsichtlich der familiären Erziehung) kein *originäres Erziehungsrecht* aus. Er überwacht *fremde* Rechtsausübung und wird nur bei Grenzüberschreitungen subsidiär und korrigierend tätig. Die Eltern sind im übrigen völlig frei, insbesondere in der gesamten weltanschaulichen Erziehung und in der Organisation des Erziehungsgeschehens. Eine pauschale materielle Festlegung auf bestimmte Verfassungsgrundsätze oder auf das „Menschenbild des Grundgesetzes" besteht für sie demnach nicht[75].

Hervorzuheben ist, daß sich diese Freiheit der Eltern nicht aus der (grundsätzlich zu bejahenden) weltanschaulichen Neutralität des Staates ergibt. Auch dort nämlich, wo der Staat selbst nicht „wertneutral" ist (d. h. hinsichtlich aller unabänderlichen Verfassungsgrundsätze), hat er den familiären Innenbereich als Folge der in Art. 6 GG getroffenen Festlegungen zu respektieren. Er kann ihn nicht einmal mittels der im Grundgesetz für unabänderlich erklärten „Verfassungsessenz"[76] materiell auffüllen.

---

[74] Sind diese Grenzen überschritten, liegt also keine Ausübung des Elternrechts mehr vor, so können auch nicht andere Grundrechte (etwa Art. 4) das Verhalten der Eltern rechtfertigen. Allein Art. 6 II 1 bildet das zulässige rechtliche „Medium", mittels dessen die Eltern eigene Vorstellungen in der spezifischen Form erzieherischer Einwirkung auf ihr Kind übertragen dürfen. Aus Art. 4 allein beispielsweise könnten die Eltern gegenüber dem Kinde keine weiterreichenden Einwirkungsbefugnisse herleiten, als sie ihnen aufgrund dieser Norm gegenüber dritten Personen zustehen. In diesem Punkte daher ungenau BVerfGE 52, 223 (Schulgebet), S. 236.

[75] So auch *Häberle* (Fn. 2), S. 51 f., 54.

[76] Dazu näher u. B II 3 d.

B. Staatliches (schulisches) Erziehungsrecht

I. Rechtsgrundlage

Im Ergebnis unstreitig ergibt sich ein staatliches Einwirkungsrecht auf den Schüler aus Art. 7 I GG als notwendige Folgerung aus dem staatlichen Recht zum „Schulehalten"[77], wobei es dahinstehen kann, ob Art. 7 I GG dieses staatliche Recht begründet[78] oder voraussetzt[79]. Dieses Recht steht neben dem Wächteramt nach Art. 6 II 2 GG, das Bedeutung nur für die familiäre (die außerschulische) Erziehung hat. Bereits dies lenkt den Blick auf die bedeutsame Tatsache, daß die familiäre und schulische Erziehung im Grundgesetz deutlich voneinander abgesetzt werden.

Es wurde soeben bewußt nur von staatlichem „Einwirkungsrecht", nicht von staatlichem „Erziehungsrecht" gesprochen. Hinsichtlich eines eigenständigen staatlichen Erziehungsrechts existieren nämlich durchaus unterschiedliche, d. h. auch zweifelnde bis verneinende Auffassungen[80]. Allerdings zeigt eine nähere Prüfung, daß auch diese Autoren ein eigenständiges staatliches Mandat zur Einwirkung nur insoweit ablehnen, wie diese Einwirkung über die Vermittlung eines bestimmten sachlichen Minimums hinausgeht und in den Bereich eigentlicher, weltanschauungsbezogener Erziehung hineinragt[81].

Dieses staatliche Einwirkungsrecht, wie weit es auch inhaltlich reiche (dazu sogleich), hat demnach eigenständigen Charakter. Es ist in Art. 7 I GG begründet und ist kein bloßes Derivat des Elternrechts[82].

---

[77] Vgl. *Ossenbühl* (Fn. 2), S. 103 f.

[78] *v. Mangoldt / Klein*, Anm. II 1 zu Art. 7 GG; *Hamann / Lenz*, Anm. B 2 zu Art. 7 GG.

[79] BVerfGE 34, 165 (Förderstufe Hessen), S. 183; *Ossenbühl*, Schule im Rechtsstaat, DÖV 1977, S. 801 (807); *Häberle* (Fn. 2), S. 66: Erziehungsauftrag des Staates „immanent" mitgedacht.

[80] Vgl. etwa *Erichsen* (Fn. 2), S. 25; *Ossenbühl* (Fn. 79), S. 808; ders. (Fn. 2), S. 110 ff.

[81] Ziel der genannten Thesen ist es (dies wird bei *Ossenbühl* (Fn. 79), S. 807 f.: Staatsrecht dient dem Elternrecht, und *ders.* (Fn. 2), S. 110 ff. sehr deutlich), zu einer generellen Rangerhöhung des Elternrechts (bzw. einer Rangminderung des staatlichen Erziehungsmandats) zu gelangen; dies nicht nur in einem quantitativen, sondern auch in qualitativem Sinne. Man nähert sich damit der Vorstellung eines vom Elternrecht nur abgeleiteten schulischen Erziehungsrechts. Zur Unrichtigkeit dieser Auffassung auch u. sub B.

II. Inhalt und Grenzen

Wenn nun Inhalt und Grenzen des staatlichen Erziehungsrechts umrissen werden, so bleiben dabei diejenigen Grenzen noch außer Betracht, die sich möglicherweise aus einem Hineinwirken des Elternrechts in die Schule ergeben. Gesucht werden zunächst nur solche Grenzen, die dem schulischen Einwirkungsrecht bereits „von sich aus" innewohnen.

(1) Zunächst ergibt sich aus Art. 7 I GG das staatliche Recht zur Bestimmung der *schulischen Organisation* im umfassenden Sinne, vom Schulsystem über die Zusammenstellung und Gewichtung einzelner Fächer bis zur Leistungsbewertung und den Unterrichtsmethoden[83].

Die Vielzahl staatlicher Befugnisse auf dem organisatorischen und unterrichtsmethodischen Gebiet kann hier nicht im einzelnen erörtert werden, zumal die vorliegende Untersuchung vornehmlich den bei der *inhaltlichen* Unterrichtsgestaltung auftretenden Fragen gewidmet ist. Auf einige grundsätzliche Aspekte staatlich-schulischer Organisationsbefugnisse sei aber hingewiesen:

(a) Der Staat ist grundsätzlich frei bei der Entwicklung seines *Schulsystems*[84]. Art. 7 GG verpflichtet ihn allerdings darauf, ein solches System überhaupt vorzuhalten. Da die Zuerkennung einer staatlichen Schulhoheit wesentlich auch zu dem Zwecke erfolgt, eine breite Förderung von Kenntnissen und Fertigkeiten der nachwachsenden Bevölkerung zu ermöglichen, läßt sich weiter die Verpflichtung des Staates zur Bereitstellung eines Schulsystems ableiten, das nicht nur Elementarkenntnisse, sondern auch „höheres" Wissenspotential zu vermitteln imstande ist und das der Vielfalt von Interessen, Veranlagungen und Wissensdisziplinen Rechnung trägt, also ein möglichst breites Spektrum von fachlichen Richtungen und Unterrichtsschwerpunkten bietet.

Wie die genannten Bedingungen im einzelnen organisatorisch und methodisch erfüllt werden, ist Sache des Staates[85], der dabei einen

---

[82] Das staatliche Recht zum Schulehalten wird hier verstanden als Ausfluß der „organisatorischen" Regelung des Art. 7, nicht als Folge eines Grundrechts des Kindes auf staatliche Bildung. In Richtung einer solchen Umdeutung von Art. 2 I (bzw. Art. 12) in subjektive Leistungsansprüche aber z. B. BVerwGE 47, 201 (206); 56, 155 (158): Art. 2 I enthalte Elemente eines Rechts auf Bildung; sehr deutlich *Arendt*, Verfassungsrechtliche Problematik der öffentlichen Vorschulerziehung, Diss. Bonn, 1976, S. 189 ff., der aus Art. 2 I ein Innominatgrundrecht auf „optimale" Erziehung ableitet (dazu *Ossenbühl* (Fn. 2), S. 68, 144); offengelassen in BVerfGE 45, 400 (Oberstufe Hessen I), S. 417.

[83] Vgl. die Aufzählung in BVerfGE 34, 165 (Hessische Förderstufe), S. 182, 192; 45, 400 (Oberstufe Hessen I), S. 415 (dazu *Hufen* (Fn. 25), S. 70, 78).

[84] Einschränkend zur Ganztagsschule u. Fn. 220.

II. Inhalt und Grenzen

weiten Gestaltungsspielraum hat[86]. Er hat nur darauf zu achten, daß der „Angebots-Charakter" des Schulsystems erhalten bleibt und der Staat nicht selbst übergeht zu einer „Bewirtschaftung des Begabtenpotentials", d. h. zur Inanspruchnahme der Entscheidung, *ob* (außerhalb der engeren Schulpflicht) eine Schule und *welche* Schule besucht werden soll[87]. Eine solche Kompetenz wäre aus der staatlichen Organisationsbefugnis nicht abzuleiten. Schulische Einwirkung auf einen *nicht* Schulpflichtigen hat zur Voraussetzung, daß sich der Schüler (seine Eltern) zum Besuch einer bestimmten Schule bereits entschlossen hat. Ob es dazu kommt, ist eine Entscheidung, die der möglichen staatlichen Einwirkung zeitlich *vorangeht,* die also schon deshalb nicht Inhalt staatlicher Schulhoheit sein kann. Es handelt sich um eine dem familiären Erziehungsrecht unterfallende Entscheidung, für die allein das dort gesagte gilt[88]. Die Eltern entscheiden grundsätzlich frei, wenn es auch staatlichen Stellen unbenommen bleibt, ihre (sicherlich oftmals sehr erwünschte) Beratung hierfür anzubieten. Eine verbindliche Einflußnahme auf die elterliche Entscheidung kraft staatlicher Schulhoheit ist aber ausgeschlossen[89]. Eine Einwirkung kraft des staatlichen Wächteramtes könnte nur in Betracht kommen, wenn sich aus besonderen Gründen die elterliche Entscheidung im Einzelfalle als schwerer Verstoß gegen das Kindeswohl[90] qualifizieren ließe, wenn also insoweit eine objektive Verletzung von Kindesinteressen konstatiert werden könnte. Dies kann freilich nicht schon bei jeder elterlichen Entscheidung *gegen* einen weiteren Schulbesuch (über die Schulpflicht hinaus) angenommen werden[91], sondern nur bei offenkundigen krassen Lebenswegfehlentscheidungen entgegen jeder pädagogischen Vernunft.

(b) Das staatliche Organisationsrecht schließt das Recht zur Durchführung von (auch obligatorischen) *Schulversuchen* zur Erprobung neuer Unterrichtsmodelle ein. Dieses Recht kann nicht davon abhängig sein,

---

[85] Schon hier kann festgestellt werden, daß auch die Einbeziehung des Elternrechts in unsere Untersuchung an diesem Grundsatze nichts ändern wird.
[86] Vgl. etwa BVerfGE 34, 165 (Hessische Förderstufe), S. 189: Weiter Ermessensspielraum des Staates für die Beurteilung didaktischer Maßnahmen und ihrer Auswirkungen im pädagogischen Bereich.
[87] Dazu *Erichsen* (Fn. 2), S. 27 m. Nachw.
[88] Diese Feststellung gilt unabhängig davon, ob man dem Elternrecht eine Auswirkung in die Schule hinein beimißt oder nicht: das staatliche Recht erstreckt sich von vorneherein nicht auf diese „Lebenswegentscheidung".
[89] Hieraus ergeben sich auch die Grenzen für eine obligatorische Förderstufe, die nicht zu einem übermäßig langen, eine spätere freie Schulwahl ausschließenden Festhalten in einer bestimmten Schul- oder Unterrichtsart führen darf, vgl. BVerfGE 34, 165 (Hess. Förderstufe), S. 187.
[90] Vgl. § 1631 a II BGB.
[91] Zu weit gehend daher *Harnischfeger/Heimann,* Rechtsfragen der Gesamtschule, 1970, S. 38 ff.

ob die Neuerungen „pädagogisch umstritten" seien oder ob „Gleichwertigkeit mit den üblichen Formen und Methoden ungewiß" sei[92]. Diese Umstrittenheit oder Ungewißheit betrifft ja regelmäßig auch die *überkommenen* Unterrichtsmodelle. Ihre ausschließliche Bevorzugung würde die Gefahr einer Erstarrung von Schulsystemen und Unterrichtsmethoden Vorschub leisten und würde zudem der Einsicht nicht gerecht, daß die Verfassung grundsätzlich keine Maßstäbe für die pädagogische Eignung schulischer Maßnahmen bereitstellt[93]. Dessenungeachtet bleibt der Staat schon im Hinblick auf den Gleichheitssatz verpflichtet, verifizierbare Nachteile für die einem Modellversuch unterworfenen Schüler zu verhindern.

(2) Staatliches Schulehalten berechtigt weiter zur Vermittlung von *Wissen und Fertigkeiten,* ebenfalls im umfassenden Sinne, also beginnend bei der „Alphabetisierung" bis zur Vermittlung von Fremdsprachen, musischen und künstlerischen Fertigkeiten, Lerntechniken, im höheren Alter auch „philosophischer" Kenntnisse (Denkgesetze, Methoden wissenschaftlicher Erkenntnisgewinnung etc.). Hier liegt berechtigterweise der Schwerpunkt staatlicher Schulaktivität. Für diese Bildungsarbeit werden Fachkräfte und oft auch besondere Lehreinrichtungen benötigt; das Elternhaus wäre hiermit regelmäßig überfordert[94].

In diesem Bereiche der Vermittlung von Fakten und Fertigkeiten sind dem schulischen Unterricht grundsätzlich keine rechtlichen (wohl aber natürlich praktische) Grenzen gesetzt. Probleme können allerdings in manchen Unterrichtsfächern, man denke etwa an Geschichte, Literatur, Gesellschaftskunde, bei der Auswahl der zu behandelnden Fakten und der Ausführlichkeit ihrer Darbietung entstehen. Beides muß stets mit Blick auf die Gesamtheit des betreffenden Stoffgebietes erfolgen. Die vom jeweiligen Fache vorgegebene Stoffmenge ist „verzerrungsfrei" und im Rahmen der zeitlichen Möglichkeiten mit dem Bemühen um ein Mindestmaß an Vollständigkeit zu vermitteln[95]. Dies schließt selbstverständlich die Bildung von Schwerpunkten, die Vertiefung bestimmter Spezialfragen nicht aus[96], erfordert aber zumindest die Hervorhebung

---

[92] So aber *Ossenbühl* (Fn. 2), S. 132.

[93] Vgl. BVerfGE 34, 165 (Hessische Förderstufe), S. 185.

[94] Dazu schon BVerwG (29. 6. 1957) NJW 1957, S. 232: Die neuzeitlichen Arbeits-, Zivilisations- und Kulturverhältnisse bewirken, daß die Eltern allein in der Regel gar nicht in der Lage wären, ihren Kindern eine ausreichende Erziehung angedeihen zu lassen.

[95] Vgl. BVerfGE 47, 46 (Sexualkunde), S. 75; *Erichsen* (Fn. 2), S. 18/19. Zu etwaigen Auswirkungen des Elternrechts s. u. C I 6 und C II 4 a.

[96] Überall da, wo Fächerauswahl und nähere Bestimmung des Unterrichtsstoffes die „Standardmaterien" verlassen, besteht demnach (über die vom Schultypus ohnehin gebotene Spezialisierung hinaus) ein nicht unerhebliches Maß an Gewichtungsmöglichkeiten von seiten der Schule.

II. Inhalt und Grenzen

des exemplarischen Charakters der auf diese Weise isolierten Problematik[97].

(3) Die eigentlichen Schwierigkeiten ergeben sich bei *weltanschaulich sensiblen Unterrichtsinhalten*, wobei der einer Sonderregelung (Freiwilligkeit der Teilnahme auf seiten des Unterrichtenden und der Eltern/ Schüler, Art. 7 II, III 3 GG) unterworfene Religionsunterricht hier ausgeklammert bleibe.

(a) Vielfach[98] wird dem Staate die Befugnis eingeräumt, auf diesem Felde *eigene Erziehungsziele* zu verfolgen. Dem kann in dieser Allgemeinheit *nicht* gefolgt werden. Es ist vielmehr von der grundsätzlichen[99] Unzulässigkeit „werthaltiger" politisch-weltanschaulich-moralischer Erziehung durch den Staat auszugehen. Dies ergibt sich aus dem objektiven Verfassungsprinzip der *weltanschaulich-religiösen Neutralität* des Staates, wie er den Art. 4 I, 3 III, 33 III GG sowie Art. 136 I, IV und 137 I WRV i. V. m. Art. 140 GG zu entnehmen und heute weitgehend anerkannt ist[100]. Religions- und Weltanschauungsfreiheit des

---

[97] Zur Frage des Verhältnisses von Fakten und Wertungen im Unterricht s. u. B II 3 f.

[98] BVerfGE 34, 165 (Hessische Förderstufe), S. 183; 21, 29 (Gemeinschaftsschule Ba-Wü), S. 44; 47, 46 (Sexualkunde), S. 72; *Böckenförde* (Fn. 2), S. 82 f.; sehr allgemein *Häberle* (Fn. 2), S. 73: „Alles ist hier eine Frage des rechten Maßes"; weitausgreifend die Zusammenstellung schulischer Erziehungsziele bei *ders.* (Fn. 126), S. 234 ff.

[99] Über Ausnahmen s. u. B II 3 d.

[100] BVerfGE 19, 206 (216); 33, 23 (28); *K. Hesse*, Grundzüge des Verfassungsrechts der Bundesrepublik Deutschland, 13. Aufl. 1982, § 12 I 4; *ders.*, Der Bedeutungswandel der kirchenpolitischen Artikel der WRV, in: H. Quaritsch / H. Weber (Hrsg.), Staat und Kirchen in der Bundesrepublik, 1967, S. 220 ff. (229); *ders.*, Freie Kirche im demokratischen Gemeinwesen, ebd., S. 334 f. (349); *A. Hollerbach*, Das Staatskirchenrecht in der Rechtsprechung des BVerfG, ebd., S. 401 ff. (405); *P. Mikat*, Kirche und Staat in nachkonziliarer Sicht, ebd., S. 427 ff. (439); *U. Scheuner*, Erörterungen und Tendenzen im gegenwärtigen Staatskirchenrecht der Bundesrepublik, in: Essener Gespräche zum Thema Staat und Kirche, Bd. 1, Münster 1969, S. 108 ff. (128); *J. Listl* (Diskussionsbeitrag), ebd., Bd. 3, Münster 1969, S. 178; *A. v. Campenhausen*, Grundgesetz und Kirche, BayVBl. 1968, S. 221 (224); *H. Krüger*, Allgemeine Staatslehre, 2. Aufl. 1966, S. 179; *Evers* (Fn. 2), S. 82 f.; *Maunz / Zippelius*, Deutsches Staatsrecht, 24. Aufl. 1982, S. 219; s. auch *K. Schlaich*, Neutralität als Verfassungsprinzip, Tübingen 1972. — Vgl. allerdings aus früherer Zeit die erstaunlichen, die weltanschauliche Neutralität des Staates negierenden Thesen etwa bei *Hamel*, ZgesStW 109, S. 71: Bekenntnisfreiheit nur denkbar als Freiheit des Bekenntnisses zu dem Gott, der sich in der Heiligen Schrift offenbart; ähnlich *ders.*, in: Bettermann / Neumann / Nipperdey (Hrsg.), Die Grundrechte, Berlin 1954 ff., Bd. IV, S. 79: „fundamenta fidei" als Grenzen der Freiheitsrechte aus Art. 4; in diesem Sinne auch *W. Wertenbruch*, Grundgesetz und Menschenwürde, 1958, S. 155, die gegenteilige Auffassung dem Bereiche der „Gotteslästerung" zuweisend. Heftige Angriffe gegen die Vorstellung vom weltanschaulich neutralen Staat finden sich bei *H. Kuhn*, Der Streit um die Grundwerte, ZfP 1977, S. 18 ff. (insbes. S. 28). Da K. bei seinem Urteil aber auch die hier sog. Verfassungsessenz im Auge hat, besteht *insoweit* kein Widerspruch zur hier vertretenen Auffassung.

Bürgers, weltanschauliche Vereinigungsfreiheit und autonomer Status von Religionsgesellschaften und Weltanschauungsvereinigungen verbieten die staatliche Identifikation mit einer bestimmten Weltanschauung oder deren Privilegierung. Dem Staate stehen damit grundsätzlich[99] „eigene" Werte, die er in der Schulerziehung werbend vermitteln dürfte, nicht zu Gebote.

(b) In unserem Untersuchungszusammenhang scheint allerdings ein *Einwand* nahezuliegen: Staatliche Neutralität bedeute nur, daß der Staat des Grundgesetzes nicht von vorneherein, sozusagen von Grundgesetzes wegen, auf eine bestimmte Weltanschauung festgelegt sei. Davon unberührt bleibe jedoch die Möglichkeit der jeweiligen *Gesetzgebungsmehrheit,* ihre Weltanschauung zur Grundlage von politischen und also auch schulpolitischen Entscheidungen zu machen. Allerorten gebe es Gesetze, die weltanschauliche Inhalte einer bestimmten Richtung enthielten und dennoch von allen Bürgern zu beachten seien; man brauche nur an das Ehe-, Familien- oder Strafrecht zu denken.

An diesem Einwand ist richtig, daß in der Tat die jeweilige Gesetzgebungsmehrheit legitimerweise weltanschauliche Vorstellungen in die Gesetzgebung einfließen läßt. Diese ist der „legitime Schauplatz für den Kampf um die Einfügung neuer materieller Ethik" in die geltende Rechtsordnung[101]. Die staatliche Neutralität verbietet es zunächst nur, die Übernahme einer bestimmten Weltanschauung durch den Gesetzgeber als vom Grundgesetz *gefordert* anzusehen. Das Grundgesetz ist neutral, indem es verschiedene Weltanschauungen konkurrieren läßt und ihnen jeweils die Chance zur Realisierung ihrer Vorstellungen gibt.

Eine Grenze der Gestaltungsbefugnis der gesetzgeberischen Mehrheit bilden die Grundrechte der Minderheit[102]. Die Grundrechte als *subjektive* Rechte sollen hier freilich außer Betracht bleiben, da ja im Augenblick versucht wird, die staatliche Erziehungskompetenz „aus sich heraus" — und nicht im Hinblick auf etwaige subjektive Abwehrrechte von Eltern und Schülern — zu begrenzen. Wenn hier also nur das *objektive* Verfassungsprinzip „Neutralität" herangezogen wird, so sind doch auch die Grundrechte[103] mit ihrem objektivrechtlichen Gehalt für dieses Prinzip relevant[104]. Sie wirken auf seinen Inhalt ein, auch wenn

---

Umstritten ist, in welchem Umfange sich aus dieser Neutralität eine Trennung von Staat und Kirche unter dem Grundgesetz ableiten lasse, worauf hier aber nicht einzugehen ist, da Untersuchungsgegenstand nicht das Verhältnis von Staat und *Kirche* ist, sondern von staatlichem und *elterlichem* Erziehungsrecht.

[101] *Wieacker,* Rechtsprechung und Sittengesetz, JZ 1961, S. 337 (338).
[102] *Wieacker* (Fn. 101).
[103] Insbesondere Art. 4, der mit seinem objektivrechtlichen Gehalt das Prinzip der weltanschaulichen Neutralität des Staates ja wesentlich trägt, aber auch Art. 3 III, 33 III.

II. Inhalt und Grenzen

ihre Rolle als subjektive Abwehrrechte gegenüber bestimmten Regelungen hier vernachlässigt wird.

Dies bedeutet, daß staatliche Regelungen dem Neutralitätsprinzip widersprechen, wenn sie den objektivrechtlichen Gehalt der fraglichen Grundrechte verletzen. Dies ist freilich nicht schon dann der Fall, wenn etwa ein Gesetz den weltanschaulichen Vorstellungen von Bürgern nicht entspricht; dies wird beinahe bei jedem Gesetz der Fall sein, soweit es überhaupt weltanschaulich relevante Materien regelt. Niemandem ist garantiert, daß die Gesetzgebung im Einklang gerade mit *seinen* weltanschaulichen Vorstellungen stehen müsse. Weltanschauliche Einfärbung von Gesetzen ist also durchaus zulässig, wobei hier nicht diskutiert zu werden braucht, wo im einzelnen die Grenzen verlaufen. *Eine* Feststellung läßt sich jedoch treffen: Auch eine Regelung, die ein statthaftes Maß weltanschaulicher Beimengung enthält, darf den abweichend Denkenden zu nichts anderem zwingen, als zu ihrer korrekten *Beachtung*. Die *Befolgung* solcher Gesetze muß gefordert werden, da anderenfalls die Funktionsfähigkeit der Mehrheitsdemokratie nicht mehr gegeben wäre[105]. Nicht gezwungen werden darf der Bürger jedoch zur inneren *Bejahung*, zu einer weltanschaulich positiven Einstellung gegenüber den Inhalten der zu beachtenden Regelung. Eine solche Forderung würde auf den Zwang zur Übernahme einer bestimmten Weltanschauung, auf eine staatliche Verordnung von Weltanschauung hinauslaufen und damit stets dem Neutralitätsgrundsatz zuwiderlaufen.

Die Unzulässigkeit solcher Forderung erhellt zudem daraus, daß immer auch eine andere und anders entscheidende gesetzgeberische Mehrheit denkbar ist. Das Recht, auf die Herbeiführung geänderter Mehrheitsverhältnisse hinzuarbeiten, ist geradezu konstituierend für die Demokratie; der Zwang zu einer auch inneren Akzeptierung geltenden Rechts wäre damit aber unvereinbar.

Damit kann als erstes *Ergebnis* festgehalten werden: Die Schule darf und muß[106] für die *Einhaltung* des jeweils geltenden Rechts werbend eintreten. Diese Werbung erfaßt nicht die Inhalte des geltenden

---

[104] Betont wird hier lediglich die (auch) objektivrechtliche Bedeutung der Weltanschauungsfreiheiten, nicht geht es um die Geltendmachung einer „Ausstrahlungswirkung" des Art. 4 (den man im Sinne einer unten allerdings zu kritisierenden Terminologie sehr wohl auch als „wertentscheidende Grundsatznorm" bezeichnen könnte) auf andere Rechtssätze.

[105] Vgl. die Situation der Eltern, die verpflichtet sind — trotz möglicherweise ganz andersgearteter eigener Vorstellungen — Kinder zur Beachtung des jeweils geltenden Rechts und zur Beschränkung von Änderungsbestrebungen auf die rechtlich dafür bereitstehenden Verfahren zu erziehen. — Außer Betracht bleibe, ob in bestimmten Fällen des Gewissenszwanges u. U. eine Ausweichmöglichkeit anzubieten ist, wie dies etwa bei der gesetzlich angeordneten Pflicht zur Wehrdienstleistung geschehen ist.

[106] Letzteres aus rechtsstaatlichen Gründen (Art. 20 III).

B. Staatliches (schulisches) Erziehungsrecht

Rechts als solche, sondern bezieht sich auf das *jeweils* geltende Recht, auf den „Formalakt" seiner Befolgung[107].

(c) Damit ist freilich das Problem weltanschaulicher schulischer Einwirkung noch nicht gelöst. Wenn nun auch feststeht, daß die Gesetzgebungsmehrheit für die von ihr realisierten rechtlichen Regelungen innere Akzeptierung nicht *fordern* dürfe, so ließe sich doch die Auffassung vertreten, die jeweilige Mehrheit dürfe für diese Akzeptierung werbend tätig werden, ohne damit gegen das Neutralitätsprinzip zu verstoßen. Es geht also um die Frage, inwieweit staatliche Stellen für die im jeweils geltenden Recht zum Ausdruck gekommenen weltanschaulichen Vorstellungen, die ja keineswegs von allen Bürgern geteilt werden und geteilt werden müssen, über die Aufforderung zur formalen Rechtsbeachtung hinaus inhaltlich werben, sich also mit dem sachlichen Gehalt dieser Regelung identifizieren dürfen.

Ein solches Recht ist selbstverständlich den parteipolitischen Institutionen zuzugestehen (bis hin zu den jeweiligen Mehrheitsgruppierungen in den gesetzgebenden Körperschaften), die damit den in Art. 21 GG niedergelegten Auftrag zur Mitwirkung an der politischen Willensbildung erfüllen.

Bei den eigentlichen *staatlichen* Instanzen ist dies weit weniger selbstverständlich. Über eine Verpflichtung aller Staatsorgane auf die Realisierung des Gemeinwohls läßt sich nämlich eine Beschränkung auf reine Informationstätigkeit und damit ein „Werbeverbot" konstruieren[108]. Dieser Auffassung soll aber hier nicht gefolgt werden, da ihr die unzutreffende Vorstellung zugrundeliegt, alle staatlichen Instanzen hätten ein „objektiv" festlegbares und in parteipolitischer Neutralität festgelegtes Gemeinwohl zu realisieren, während doch in Wahrheit die Wahlentscheidung der Bürger dazu führt, *einer* Gruppierung die Verwirklichung ihres „parteilichen", mit anderen konkurrierenden Gemeinwohlentwurfes zu ermöglichen[109].

Es soll also davon ausgegangen werden, daß jedenfalls den parteipolitisch geprägten, in ihrer Tätigkeit auf politische Gestaltung gerichteten staatlichen Institutionen, d. h. dem durch die demokratische Wahlentscheidung „auswechselbaren" Teil der Staatsorgane grundsätzlich das Recht zu politischer Werbung für die Inhalte der jeweiligen Mehrheitspolitik zustehe. Damit ist aber noch keineswegs gesagt, auch die staatliche Schule komme als Ort solcher politischen Werbung in Betracht. Vielmehr scheitert eine solche Annahme zunächst schon an der Nichtzugehörigkeit der Schule zu dem genannten Bereiche der je nach der

---

[107] Ähnlich *Evers* (Fn. 2), S. 106 f.
[108] Für die Öffentlichkeitsarbeit der Bundesregierung BVerfGE 44, 125.
[109] Zutreffend *Rottmann*, abweich. Meinung zu BVerfGE 44, 125 (181 ff.).

II. Inhalt und Grenzen

Wahlentscheidung der Bürger personell und sachlich „variablen" Staatlichkeit. Darüber hinaus kommt der staatlichen Schule nach dem Grundgesetz aber noch aus einem anderen Blickwinkel „unpolitischer" Charakter zu:

Die staatliche Schule könnte an sich auf zweierlei Weise ausgestaltet werden. Sie könnte eingerichtet sein als Stätte des politisch-weltanschaulichen Meinungskampfes, eingebaut in den Prozeß der demokratisch-politischen Meinungs- und Willensbildung in der pluralen Gesellschaft. In *dieser* Art von Schule könnte die jeweilige politische Mehrheit gewiß werbend tätig werden. Dies würde es aber erforderlich machen, wie auch sonst im politischen Prozeß, die „Opposition" zu institutionalisieren[110]. Es müßten, ähnlich wie im Parlament oder auch in den öffentlichrechtlichen Rundfunkanstalten, auch die abweichenden Meinungen zu Wort kommen können[111]. Öffnete man die staatliche Veranstaltung Schule dem politischen Meinungskampf, würde es unumgänglich, diese Öffnung nicht auf die Verlautbarung der Mehrheitsmeinung zu beschränken. Der zulässigerweise in Richtung einer Veränderung der Mehrheitsverhältnisse und des geltenden Rechts betriebene politische Meinungskampf dürfte nicht von der Mehrheitsgruppierung allein beherrscht werden[112].

Es dürfte aber Einigkeit darüber bestehen, daß die in Art. 7 GG institutionalisierte Schule nicht im Sinne eines solchen Meinungsmarktes konzipiert ist. Art. 7 GG geht davon aus, daß Schule eine „befriedete" Bildungsstätte für *alle* ist, außerhalb des aktuellen politisch-weltanschaulichen Meinungskampfes. Dafür spricht nicht nur der bei der Volksschule weitgehende rechtliche und bei den weiterführenden Schulen faktische Zwangs- bzw. *Monopolcharakter* der staatlichen Schule[113]. Es ergibt sich dies auch aus der *„Integrationsfunktion"* der Schule[114], der neben der Wissensvermittlung zweiten wesentlichen Aufgabe staatlicher Schule. Diese Integrationsfunktion kann überhaupt nur erfüllt werden, wenn auf politische Werbung im Unterricht grundsätzlich verzichtet wird. Anderenfalls würde die Integration, erreichbar mittels der

---

[110] Die Schule würde anderenfalls zur jeweiligen „Beute" wechselnder politischer Mehrheiten.
[111] Realisieren läßt sich derartiges z. B. in einer Schulbibliothek oder dann, wenn im Rahmen des Unterrichts eine bestimmte politische oder gesellschaftliche Gruppierung zu Informationszwecken ihren Standpunkt werbend vortragen durfte.
[112] Natürlich könnte man Schulen für die verschiedensten weltanschaulichen Richtungen schaffen, aber dazu besteht jedenfalls keine staatliche Verpflichtung (s. u. C III 3). Die Privatschulfreiheit bietet hier im übrigen Ausweichmöglichkeiten.
[113] Aus der sich niemand in gleicher Weise „ausschalten" kann wie aus Rundfunkdarbietungen.
[114] Dazu u. B II 3 e.

Verpflichtung auf den „unabstimmbaren" Kernbestand der Verfassung, ersetzt durch eine Polarisierung im Wege propagandistischer politisch-weltanschaulicher Veranstaltungen verschiedenster Schattierungen.

Als Ergebnis ist festzuhalten: Die Schule steht als Institution außerhalb des streitigen politischen Willensbildungsprozesses[115]. Der Staat tritt hier als weltanschaulich neutraler Staat im Sinne dieses objektiven Verfassungsprinzips in Erscheinung. Als solchem stehen ihm grundsätzlich (über Ausnahmen sogleich) „eigene" Wertvorstellungen, die er werbend im Unterricht vermitteln dürfte, nicht zu Gebote[116]. Damit wird *im Grundsatz ein weltanschauliches staatliches Erziehungsrecht verneint*, das oft in Anspruch genommene staatliche Recht zur „Heranbildung der Gesamtpersönlichkeit"[117] bestritten.

Gegen dieses Resultat werden *Einwände* erhoben. Sie gelten vornehmlich der Forderung nach strikter *religiöser* Neutralität der Schule, haben aber gleichermaßen Bedeutung für den sonstigen weltanschaulich-politisch-moralischen Bereich. Es ist die Rede von einem „staatlich verordneten Agnostizismus und Indifferentismus", einem staatlichen „Oktroi eines religionsfeindlichen und eine freiheitliche Ordnung ablehnenden Laizismus", und einem „abstrakt-egalitären, etatistischen Ansatz", dem „Diktat eines Neutralismus im Sinne verordneter Standpunktlosigkeit und eines weltanschaulichen Vakuums, das den Christen ... am Maß des Atheisten mißt"[118].

Dem ist *aus zwei Gründen zu widersprechen:*

— Zunächst bedeutet Neutralität nicht ein aktives staatliches Eintreten für eine indifferente, agnostische, religionsfeindliche o. ä. Weltanschauung, sondern die schlichte Herausnahme weltanschaulicher Wertungen aus der Schule. Damit ist in keiner Weise eine „missionarische" schu-

---

[115] Diese Feststellung wurde hier getroffen im Hinblick auf solche (Mehrheits-)Auffassungen, die bereits ihren Niederschlag in staatlichen Gesetzen gefunden haben. Gleiches gilt (mindestens ebensosehr) für solche Mehrheitsauffassungen, die nur gesellschaftlich existent, aber (noch) nicht zur Gesetzesnorm gediehen sind.
Nur eine Kapriole wäre es übrigens, wollte man argumentieren: da hinsichtlich bestehender Gesetze jedenfalls deren Beachtung gefordert werden dürfe, müsse diese Beachtung auch für solche (Schul)Gesetze gefordert werden können, die weltanschaulich-politische Werbung in der Schule gestatteten. Ein solches Gesetz wäre als grundgesetzwidrig anzusehen; die Rechtspflicht zur Beachtung bestehenden Rechts kann sich aber nur auf rechtmäßige Normen beziehen.

[116] *Krüger* (Fn. 100), S. 179.

[117] Vgl. BVerfGE 34, 165 (Hessische Förderstufe), S. 183; zutreffend *Evers* (Fn. 2), S. 65 f. mit der Zurückweisung eines „normativen Menschenbildes" als schulischem Erziehungsziel.

[118] Diese Vorwürfe bei *M. Heckel*, Die Kirchen unter dem Grundgesetz, VVDStRL 26, S. 5 (29); *ders.*, Staat, Kirche, Kunst, 1968, S. 100, 209; *v. Campenhausen*, BayVBl. 1968, 221 (224).

II. Inhalt und Grenzen

lische Einwirkung verbunden, etwa des Sinnes, alle nicht zum Unterrichtsinhalte gemachten weltanschaulichen Stellungnahmen würden staatlicherseits negativ bewertet. Es ist daher unrichtig, die neutrale Schule als gleichwohl weltanschaulich im Sinne des „Indifferentismus" hinzustellen[119]. Die Neutralität der Staatsschule realisiert die Entscheidung des Grundgesetzes zur Nichteinmischung des Staates in die religiös-weltanschauliche Sphäre des Bürgers. Der gegenteilige Standpunkt führt notwendig zur Privilegierung bestimmter Gruppen[120]. Er stellt sich dar als eine der Folgen des in dieser Form verfehlten Versuchs, im Anschluß an *Smend*[121] einen „Bedeutungswandel" der aus der WRV übernommenen staatskirchenrechtlichen Bestimmungen zu konstruieren[122] und dabei die auch objektivrechtliche Bedeutung des Art. 4 für die Entwicklung des Staatskirchenrechts unter dem Grundgesetz außer Acht zu lassen.

— Darüber hinaus ist die hier vorgetragene Auffassung auch deshalb nicht schlechthin „standpunktlos" und „indifferent", weil es sehr wohl hinsichtlich bestimmter Kernaussagen des Grundgesetzes einen Bereich zulässiger weltanschaulich-politischer Einwirkung in der Schule gibt (dazu sogleich), der hinreicht, das „Auseinanderbrechen in Chaos und Barbarei"[123/124] zu verhindern, wie man es von einem Staate totaler Indifferenz durchaus zu Recht befürchtet.

(d) Es existiert also, wie eben schon angedeutet, ein Bereich von „Wertungen", mit denen die staatliche Institution Schule sich unabhängig von der jeweiligen politischen Mehrheit identifizieren darf und muß. Es handelt sich um die auch im Wege der Verfassungsänderung nicht zu beseitigenden Verfassungsinhalte, um die „*Verfassungsessenz*".

Insoweit gilt der Grundsatz staatlicher Neutralität nicht[125], da dieser Bereich durch die Verfassung selbst aus der Zone des im Wege politischen Meinungsstreites Veränderbaren herausgenommen ist, Veränderungsbestrebungen also von vorneherein als rechtswidrig zu gelten haben[126].

---

[119] So mehrfach *F. Müller*, Christliche Gemeinschaftsschule und weltanschauliche Neutralität des Staates, in: ders., Rechtsstaatliche Form. Demokratische Politik, Berlin 1977, S. 63 (71 f.) m. zahlr. Nachw. in Fn. 9. Beachte aber die überaus nachdrückliche Revokation dieses Standpunktes durch *Müller*, Jenseits der Verfassung — Konkordatslehrstühle am Maßstab des Grundgesetzes, ebd., S. 112.
[120] Vgl. *Quaritsch* (Diskussionsbeitrag), VVDStRL 26, S. 112.
[121] ZevKR 1 (1951), S. 4 (11).
[122] Dazu einerseits *v. Campenhausen*, BayVBl. 1968, 221, andererseits *Maunz / Zippelius* (Fn. 100), S. 216.
[123/124] *Adolf Arndt*, in: Schule und Staat, 1959, S. 53 (69, 75).
[125] Siehe dazu *Evers* (Fn. 2), S. 84 f., 94, 108 f. Der Staat ist also nach der hiesigen Konzeption keineswegs schlechthin „wertfrei" (vgl. den Vorwurf bei *v. Campenhausen* (Fn. 2), S. 206, 235).

Erfaßt hiervon sind die in Art. 79 III GG genannten Verfassungsbestimmungen[127] (Menschenwürdegrundsatz und Bekenntnis zu Menschenrechten einschließlich eines „Menschenwürdekerns"[128] oder „sachlichen Grundwertgehalts"[129] der nachfolgenden Menschenrechte; ferner die Grundsätze der republikanisch-föderalen, rechts- und sozialstaatlichen Demokratie)[130]; daneben der Gedanke der Völkerverständigung und des Friedens zusammen mit dem Verbot des Angriffskrieges (dies ergeben Art. 9 II GG, der den Gedanken der Völkerverständigung dem streitigen politischen Prozeß entzieht und Art. 26 GG, der bestimmte friedensfeindliche Bestrebungen als „verfassungswidrig" und damit verfassungsrechtlich unstatthaft qualifiziert und eine Änderung dieses Artikels damit ausschließt[131].

Die „Verfassungsessenz" ist nicht identisch mit einem *tatsächlichen* allgemeinen Konsens über einen Wertfundus und Prinzipienkanon, auf den man gelegentlich[132] abstellen will. Nicht der — übrigens oftmals nur schwierig feststellbare und der Veränderung offenstehende — faktische Konsens liefert die Grundlage für die staatliche/schulische Identifikation, sondern der aus den genannten Bestimmungen als *gesollt* ablesbare Konsens.

---

[126] Unzureichend die Begründung für die Zulässigkeit staatlicher „Parteinahme" in diesem Bereich bei *Evers* (Fn. 2), S. 109: Die bloße *faktische* Notwendigkeit eines Konsenses über „Grundwerte" für den Fortbestand der staatlichen Ordnung liefert noch kein *rechtliches* Argument für ein entsprechendes staatliches Handeln. Zu vage auch der Hinweis auf S. 110 (sub. 3, im Anschluß an BVerfGE 39, 334, 367): Zulässigkeit von Beschränkungen des Bürgers (Schülers), „die der Gesetzgeber zur Pflege und Förderung des sozialen Zusammenlebens in den Grenzen des bei dem gegebenen Sachverhalt allgemein Zumutbaren zieht", sowie der Rückgriff auf die „Tradition freiheitlicher deutscher Rechtsordnungen" (S. 111). Siehe auch *Häberle*, Verfassungsprinzipien als Erziehungsziele, in: FS H. Huber, Bern 1981, S. 211 (220 f.).

[127] Eine Abänderung des Art. 79 III selbst dürfte schon aus Gründen normativer Logik auszuschließen sein; vgl. zu dieser Frage *v. Mangoldt / Klein*, Anm. VIII 3 zu Art. 79 GG.

[128] Dazu *Maunz / Dürig / Herzog / Scholz*, Rz. 73 ff. zu Art. 1 GG; *Maunz / Zippelius* (Fn. 100), S. 154, 169.

[129] BVerfGE 28, 243 (261); s. auch E 35, 235.

[130] Damit dürfte annähernd die „freiheitliche demokratische Grundordnung" i. S. d. Art. 18 oder 21 II umschrieben sein bzw. die „verfassungsmäßige Ordnung" des Art. 9 II: auch dort geht es ja darum, bestimmte Schutzgüter außerhalb des streitigen politischen Prozesses zu stellen. Siehe dazu BVerfGE 2, 1 (12); 5, 85 (139).

[131] Ob hierher auch das Wiedervereinigungsgebot zu zählen ist, mag offen bleiben. Auch wenn man der diesbezüglichen „Aufforderung" in der Präambel rechtsverpflichtenden Charakter zuschreibt (so BVerfGE 5, 125 ff.; 36, 1, 18), steht noch nicht fest, daß eine auf Abänderung der Präambel und Abkehr vom Wiedervereinigungsziel gerichtete politische Betätigung unstatthaft sei.

[132] *Ossenbühl*, DÖV 1977, S. 801 (808); *ders.* (Fn. 2), S. 106, 113 f.

II. Inhalt und Grenzen

Dieser „Verfassungsessenz" wohnen gewiß auch christliche Elemente inne. Sie enthält, wie im Zusammenhang mit der Diskussion um die Gemeinschaftsschule gesagt worden ist, ein „Minimum ... gemeinsamer sittlicher Vorstellungen" unseres Kulturkreises, der „christlich mitbestimmt" ist[133], freilich auch aus anderen und nicht selten ohne kirchliches Zutun oder gegen kirchlichen Widerstand durchgesetzten Traditionen lebt[134]. In diesem Sinne einer Anerkennung und Einbeziehung des Christentums als bedeutendem Faktor der europäischen Kulturentwicklung wird also jede staatliche Schule „christlich" geprägt sein müssen[135]. Doch sind die damit erfaßten Errungenschaften europäischer politischer und sozialer Kultur mittlerweile verselbständigt und losgelöst von ihren teilweise auch religiösen Ursprüngen. Sie sind nicht mehr notwendigerweise Ausdruck einer weltanschaulichen Verwurzelung in bestimmten Religionsgemeinschaften[136], sondern säkularer Kulturbestand und können daher nicht als Vehikel zur Einbringung sonstiger religionsspezifischer Inhalte in die grundgesetzliche Staatlichkeit benutzt werden. Schon aus diesem objektivrechtlichen Grunde[137] kann eine staatliche Schule[138] nicht christliche Gemeinschaftsschule im „bekenntnismäßigen" Sinne sein, sondern allenfalls „bildungsmäßige christliche Gemeinschaftsschule"[139] der eben angedeuteten Art.

Betont werden muß, daß „Verfassungsessenz" hier nicht etwa mit dem Grundgesetz *im ganzen* identifiziert wird, sondern nur mit dessen nach dem Willen des Verfassungsgebers einer Veränderung auch durch qualifizierte Mehrheiten schlechthin entzogenen Inhalten. Hiervon nicht betroffen sind zahlreiche Vorschriften des organisatorischen, aber auch solche des Grundrechtsteiles, in dem Änderungen ja keineswegs ausgeschlossen sind[140].

---

[133] *v. Campenhausen* (Fn. 2), S. 196.
[134] „Die Früchte, die auf dem Baum der Vernunft gewachsen sind" können nicht „vom Baum der Offenbarung gepflückt" werden, *E. Schott*, Ztschr. f. Syst. Theol. Bd. 24 (1955), S. 176; vgl. auch *Quaritsch* (Diskussionsbeitrag) VVDStRL 26, 112: Der moderne Staat ist auch aus der Entzweiung von Staat und Kirche entstanden; *H. Hofmann* (Fn. 185), S. 77, Fn. 274.
[135] Vgl. *Evers* (Fn. 2), S. 77.
[136] *A. Arndt*, Aufgaben und Grenzen der Staatsgewalt im Bereich der Schulbildung, in: ders., Geist der Politik. Reden, Berlin 1965, S. 149 ff. (165).
[137] Zur grundrechtlichen Argumentation s. u. C II und C III 2 c.
[138] Vom Falle des einheitlichen Elternwunsches abgesehen, s. u. C III.
[139] Zu dieser Differenzierung *Podlech* (Fn. 2), S. 104, 94.
[140] Dazu BVerfGE 30, 1 (24 f.). Kritisch zu dieser Entscheidung, soweit sie in „Sonderlagen" und aus „evidenten sachgerechten Gründen" Abschwächungen des in Art. 79 III ausgesprochenen Bestandsschutzes zuläßt, z. B. *Rupp*, NJW 1971, 275 (276 f.); *Maunz / Zippelius* (Fn. 100), S. 39 f.; s. auch die abw. Meinung zu E 30, 1 (S. 33 ff.).
Art. 1 III schließt Grundrechtsänderungen nicht aus; er legt die Staatsgewalt auf die Beachtung der Grundrechte in ihrer jeweils geltenden Gestalt fest, sagt aber selbst nichts über das Maß ihrer Abänderbarkeit.

Die *abänderbaren* Teile des Grundgesetzes gehören demnach nicht zu dem der politisch-weltanschaulichen Werbung offenstehenden staatlichen Wertungsbestand. Dies gilt erst recht von nur einfachgesetzlich getroffenen politischen Entscheidungen, etwa — um einige beliebige Beispiele zu nennen — für eine bestimmte Vertragspolitik mit den Staaten des Ostens oder für die westliche Bündnispolitik, für oder gegen die Nutzung von Kernenergie, für den Ausbau unternehmerischer Mitbestimmung oder arbeitnehmerischer Vermögensbildung, für die Einrichtung der allgemeinen Wehrpflicht[141] oder für bestimmte Ausgestaltungen des Ehe- und Familienrechts oder des Sexualstrafrechts. Über solche rechtliche Regelungen kann und soll die Schule informieren; darüber hinaus hat sie im Unterricht zu deren Beachtung während der Zeit ihrer Geltung anzuhalten[142]. Unstatthaft wäre es aber, würde die Schule sich mit den weltanschaulich-politischen Vorstellungen identifizieren, die diesen, vielfach ja politisch umstrittenen und jederzeit abänderbaren Normierungen zugrundeliegen.

Angesichts der Unbestimmtheit mancher der hier als unabänderlich genannten Grundgesetz-Bestimmungen wird natürlich stets *Streit über die Reichweite* dieser Verfassungsessenz möglich sein. Doch liegt darin nichts ungewöhnliches. Unklarheiten müssen in der Praxis notfalls durch die in Verfassungsfragen mit Letztkompetenz ausgestattete Institution, das Bundesverfassungsgericht, entschieden werden[143].

(e) Mit dieser Verfassungsessenz *darf* sich der Staat nicht nur identifizieren, er *muß* es sogar[144]. Sie ist dasjenige „Telos", das alle Bürger bejahen oder jedenfalls von Verfassungs wegen bejahen sollen[145]. Die staatliche Schule hat hier eine wichtige soziale und politische *Integrationsfunktion*[146]. Zur Wahrung der substantiellen Verfassungsinhalte

---

[141] Vgl. in diesem Zusammenhang die aktuellen Auseinandersetzungen auf den Kultusministerkonferenzen über Fragen der Friedenserziehung, insbesondere der „schulischen Information über den friedenssichernden Auftrag der Bundeswehr", DIE ZEIT v. 7.1.1983, S. 28. — Zur Wehrpflicht s. auch *H. Hofmann* (Fn. 40), S. 70.

[142] Siehe o. B II 3 b (bei Fn. 105).

[143] Vgl. *Evers* (Fn. 2), S. 94 f.

[144] Die Privatschulfreiheit widerspricht dem nicht, da der Staat auch dort im Sinne der „Verfassungsessenz" Einfluß nehmen kann, Art. 7 IV 2 und 3.

[145] *H. Krüger*, Die Rechtswirkung der strukturellen und geistigen Umgestaltung des Deutschen Staates nach 1945 auf das Reichskonkordat von 1933, Rechtsgutachten vom 23.3.1956, in: Der Konkordatsprozeß, hrsg. von F. A. Frhr. v. d. Heydte, München 1958, S. 1052 ff. (1085).

[146] *K. Obermayer*, Gemeinschaftsschule — Auftrag des Grundgesetzes, Hrsg.: Bay. Lehrer- und Lehrerinnenverband e. V. o. J., S. 23; *Barion*, DÖV 1967, S. 516 (518 f.); *Evers* (Fn. 2), S. 62; *G. Püttner*, Toleranz und Lehrpläne für Schulen, DÖV 1974, S. 656 (657); *Oppermann*, Zum Grundrecht auf eine tolerante Schule, RdJB 1977, S. 44 (45); *Maunz*, Lehrplan und Toleranzgebot, RdJB 1976, S. 264 (266); *Böckenförde*, Der Staat als sittlicher Staat, 1978,

II. Inhalt und Grenzen

hat der Staat auf dem Wege über die Schule dafür zu sorgen, daß diese Inhalte breitestmöglich in der Bevölkerung verankert werden können[147]. Der im Grundgesetz gewährleistete weltanschauliche Pluralismus steht nicht entgegen. Die Schule erfüllt ihre Integrationsfunktion, indem sie lehrt, was nach dem Grundgesetz gerade *nicht* Gegenstand pluralistischer Auseinandersetzung sein soll. Bei der Vermittlung dieser Inhalte bewegt sich der Staat also in dem einzigen, ihm zugänglichen „eigenen" Wertebereich, auf den er sich freilich bei seiner schulischen Erziehungstätigkeit auch zu beschränken hat. Der Staat hat hier also nicht nur das Recht, für den bloßen Formalakt der „äußerlichen" Befolgung der Verfassungsgrundaussagen einzutreten; er ist befugt und verpflichtet, auch deren innere Bejahung zum anzustrebenden Erziehungserfolg zu machen, ohne daß damit freilich eine rechtliche Verpflichtung von Schülern oder Eltern begründet würde, ihre weltanschaulich-politischen Auffassungen tatsächlich in der vom Staate erstrebten Weise zu bilden[148]. Die Annahme einer solchen Verpflichtung scheitert schon daran, daß anderenfalls das Recht der Eltern zu einer familiären Erziehung auch *gegen* die Inhalte grundlegender Verfassungsnormen[149] beseitigt würde.

(f) Mit der hier entwickelten Lösung wird die Schule — einen verhältnismäßig engen Bereich werthafter Unterrichtsinhalte (Verfassungsessenz) ausgenommen — auf die Vermittlung von Fakten und Fertigkeiten beschränkt. Gegen eine solche Beschränkung wird der *Einwand* erhoben, *Fakten und Wertungen* seien im Unterricht vielfach *nicht* voneinander *zu trennen*, die hier vorgenommene Kompetenzabgrenzung der staatlichen Schule sei in der Praxis daher nicht voll zu verwirklichen. Paradebeispiel für diese These ist der Sexualkundeunterricht, bei dem sich besonders deutlich die Unmöglichkeit der Trennung von Kenntnisvermittlung und Wertung erweise[150].

S. 34 f. — Soziale Lernprozesse werden dabei ganz zwangsläufig, allein durch die schulische Gemeinschaft mit Gleichaltrigen in Gang gesetzt; dazu OVG Berlin NJW 1973, 819; *Evers* (Fn. 2), S. 56/57.

[147] Vorschläge für die praktische Umsetzung bei *M. Kriele*, Legitimationsprobleme der Bundesrepublik, 1977, S. 107 ff.

[148] Ebenso *Evers* (Fn. 2), S. 110 gegen *Kimminich*, Die Grundwerte im demokratischen Rechtsstaat, ZfP 1977, S. 1 ff. (16), der, im Gefolge des „Werte"-Denkens (dazu auch u. C I 5, bei Fn. 185) ein entsprechendes „Bekenntnis" vom Bürger verlangt.

[149] Siehe o. A IV (insbes. A IV 10). — Nicht Stellung genommen ist damit zu der Frage, inwieweit eine innere Bejahung geltenden Rechts z. B. von Angehörigen des Öffentlichen Dienstes gefordert werden könne (vgl. BVerfGE 39, 334 (LS 2)).

[150] *Böckenförde* (Fn. 2), S. 89; *Evers* (Fn. 2), S. 113 f.; zutreffend demgegenüber BVerfGE 47, 46 (Sexualkunde), S. 68 f. — Näher zum Sexualkundeunterricht unten D II.

Der Einwand ist nicht stichhaltig. Ihm ist entgegenzuhalten, daß die geforderte Unterscheidung und Trennung von Fakten und Wertungen keineswegs exzeptionellen Charakter hat. Sie muß auch in anderen Zusammenhängen und auch von Rechts wegen häufig vorgenommen werden. Man denke an die Ehrenschutzdelikte im Strafrecht, an die Trennung von Berichterstattung und Kommentar in der Publizistik[151], an den in der Rechtstheorie überaus bedeutsamen Unterschied zwischen „Sein" und „Sollen", zwischen soziologischer und normativer (ethisch-wertender) Betrachtung von Sachverhalten.

Außerdem wird übersehen, daß vorhandene Wertungen zu bestimmten Sachverhalten keineswegs „verschwiegen" zu werden brauchen. Vielmehr tauchen sie im Unterricht gleichfalls als Fakten auf, ebenso wie z. B. literarische Texte oder Kunstwerke, die ganz regelmäßig weltanschaulich relevante Inhalte aufweisen werden. Wesentlich ist, daß es in der Schule nicht zu einer Identifikation mit der Tendenz einer dieser Wertungen kommt. Die Darstellung des Faktums vorhandener Wertvorstellungen ist daher streng zu trennen von der inhaltlichen Übernahme im Unterricht[152]. Die Behandlung von Bachs Passionen, mittelalterlicher Kathedralarchitektur oder spätgotischer Flügelaltäre in der Musik- oder Kunsterziehung kann dabei ebenso problemlos von der Vermittlung mit Wahrheitsanspruch auftretender religiös-weltanschaulicher Inhalte getrennt werden, wie die Auseinandersetzung mit Goethes „Prometheus", Lessings aufklärerischen Schriften oder Kafkas Romanen. Und Geschichtsunterricht hat weder zu erfolgen im Sinne nationaler Propaganda- und Rechtfertigungsthesen noch im Sinne christlicher oder auch marxistischer „Geschichtstheologie", sondern in der nüchternen Darbietung der gesicherten Tatsachen einschließlich der existenten Wertungsdifferenzen[153/154].

Selbstverständlich wird hier nicht der Illusion gehuldigt, die zu einem bestimmten Zeitpunkte als „gesichert" geltende Tatsachen könnten unter der Rubrik „objektiver Wahrheit" verbucht werden. Alle Erkenntnisse stehen unter dem Vorbehalt künftiger Korrekturen[155]. Insofern wird auch die Schule heute „Fakten" lehren, die sich später einmal als irrig erweisen mögen. Doch gibt es vor solchen Irrtümern eines Zeitalters kein Entrinnen und sie entlassen nicht aus der Verpflichtung zur Lehre dessen, was derzeit nach bestem Wissen als zutreffend er-

---

[151] Z. B. § 3 Nr. 4 HessRundfunkG: „Nachrichten und Stellungnahmen dazu sind deutlich voneinander zu trennen."

[152] Vgl. *Hufen* (Fn. 25), S. 85.

[153/154] Daß bei Schülern im Grundschulalter kein Bedürfnis für die Vorstellung weltanschaulich umstrittener Thesen besteht, ist selbstverständlich. In dieser Phase der „Alphabetisierung" wird man sich alterskonform ohnehin auf einen Kanon unstreitigen Grundwissens beschränken können.

[155] Vgl. dazu *K. R. Popper*, Logik der Forschung, 6. Aufl. 1976, S. 7 f., 81 ff.

II. Inhalt und Grenzen

scheint. Die weltanschauliche Bewertung der in dieser Weise vermittelten Fakten hat sodann ausschließlich durch die Eltern im Rahmen der familiären Erziehung zu erfolgen.

Gar nicht bestritten werden soll, daß die saubere Trennung von Fakten und Wertungen nicht immer leicht fallen wird und auch ein nicht geringes Maß an Disziplin von seiten der Lehrpersonen erfordert. Doch kann dies kein Argument gegen die hier vorgetragene Auffassung sein, zumal die Alternative ja nichts anderes bedeuten würde als entweder die Abschaffung zahlreicher Unterrichtsfächer oder aber die Auslieferung der Unterrichtsinhalte an individuelles Gutdünken einzelner Lehrpersonen oder an die jeweilige politische Mehrheit des betreffenden Bundeslandes im Sinne eines schulpolitischen „Beutesystems".

(g) Vor dem Hintergrunde der bisher erarbeiteten Ergebnisse sind die *landes(verfassungs)rechtlichen Aussagen* über den Erziehungsauftrag der staatlichen Schulen zu sehen. Das Grundgesetz beschränkt sich auf die Regelung weniger Grundsätze des Schulrechts, das im übrigen, auch hinsichtlich der Festlegung von Unterrichtsinhalten, den Ländern zur näheren Ausgestaltung zugewiesen ist[156]. Dabei haben die Länder aber in dem bundesverfassungsrechtlich vorgegebenen Rahmen zu verbleiben[157]. Es gelten die eben entwickelten Grenzen, die der staatlichen Erziehungskompetenz bereits von sich aus innewohnen und die, wie noch zu zeigen sein wird, aus den weltanschaulichen Grundrechten der Eltern und Schüler heraus ihre Bestätigung finden.

Landesrechtliche Festsetzungen schulischer Erziehungsziele sind daher unbedenklich, soweit sie sich als Umschreibung der oben erörterten „Verfassungsessenz" darbieten. Dies ist vielfach der Fall, zumindest erlauben die meist sehr vagen Formulierungen[158] eine „verfassungskonforme" Auslegung in dieser Richtung[159]. Ist dies jedoch nicht möglich, muß von der Grundgesetzwidrigkeit dieser Bestimmungen ausgegangen werden.

---

[156] *Böckenförde* (Fn. 2), S. 59: Art. 7 als eine „Minimalregelung".
[157] Vgl. (für die religiöse Ausrichtung von Schulen) *Hesse*, Der Rechtsschutz durch staatliche Gerichte im kirchlichen Bereich, Göttingen 1956, S. 24: Art. 140 GG als Grundsatzregelung, die einen festen Kernbestand bundeseinheitlichen Staatskirchenrechts schafft, dessen Befolgung durch die Länder im Wege der Bundesaufsicht sicherzustellen ist. Entgegenstehende Länderregelungen haben daneben keinen Bestand.
[158] Vgl. die Übersicht bei *Evers* (Fn. 2), S. 34 ff.; s. auch *Häberle* (Fn. 2), S. 47 ff. (auch S. 59 ff., 69 ff.), der aber diese Erziehungsziele zu unkritisch als „vorgegeben" für die grundgesetzliche Diskussion übernimmt.
[159] Ähnlich *Evers* (Fn. 2), S. 78. In jedem Falle gelten diese Regelungen nur für das betreffende Bundesland und ergeben daher nichts für die Auslegung des grundgesetzlichen Schulartikels.

Solche Ländervorschriften können in ihrem zum Teil stark auf eine christliche Schulerziehung zielenden Inhalten auch nicht dadurch gerechtfertigt werden, daß man in dieser schulischen Zielsetzung eine (nach Art. 142 GG zulässige) Grundrechtserweiterung zugunsten von Religionsgemeinschaften erblickte[160]. Zum einen bezieht sich Art. 142 nur auf Grundrechte, nicht aber auf die den Religionsgesellschaften nach Art. 137 WRV zustehenden Rechte. Zum anderen: Selbst wenn es statthaft wäre, gemäß Art. 142 die „Grundrechts"-Stellung von Religions- und Weltanschauungsgemeinschaften gegenüber der grundgesetzlichen Regelung auszuweiten, so hätte dies gleichmäßig zu geschehen und könnte nicht auf einzelne Träger dieser Rechte beschränkt werden.

Bedenken bestehen demnach zum Beispiel gegen die Verpflichtung der staatlichen Schule auf eine Erziehung zur „Ehrfurcht vor Gott"[161]. Sie läßt sich mit der geschilderten weltanschaulichen Neutralität der staatlichen Schule nicht vereinbaren[162]. Hiervon abgesehen bleibt unklar, welche Gottesvorstellung etwa bei einer gemischtreligiösen (z. B. zum Teil islamischen) Schulklasse einem solchen erzieherischen Beginnen überhaupt zugrundezulegen wäre; die Ausrichtung an einem bekenntnis*neutralen* Gottesbegriffe dürfte ja nicht einmal den Intentionen der Religionsgemeinschaften selbst entsprechen.

Schon hier ist zu betonen, daß damit keineswegs die Möglichkeit ausgeschlossen werden soll, in Übereinstimmung mit den Wünschen der Eltern weltanschaulich orientierte Schulen zu errichten[163]. Hier war lediglich klarzustellen, daß derartige Erziehungsziele nicht von Staats wegen generell zu bindenden Unterrichtsinhalten gemacht werden können.

Die Regelung des Art. 7 III GG (Religionsunterricht als ordentliches Lehrfach der nicht bekenntnisfreien Schulen der meisten Bundesländer)

---

[160] So aber *Mikat*, Kirchen und Religionsgemeinschaften, in: Bettermann / Neumann / Nipperdey (Hrsg.), Die Grundrechte, Berlin 1954 ff., Bd. IV, S. 111 ff. (219).

[161] Z. B. in den Landesverfassungen von Baden-Württemberg (Art. 12 I), Bayern (Art. 131 II), Nordrhein-Westfalen (Art. 7 I). Die Unzulässigkeit staatlicher Verordnung dieses Erziehungszieles für die *familiäre* Erziehung ergibt sich bereits aus Art. 6 II 1; dazu *Böckenförde* (Fn. 2), S. 66.

[162] Vgl. auch die Einschränkungen bei *Evers* (Fn. 2), S. 78 sowie bei *Isensee*, Demokratischer Rechtsstaat und staatsfreie Ethik, in: Essener Gespräche zum Thema Staat und Kirche, Bd. 11, Münster 1977, S. 31 f. Die Geltung des Grundgesetzes und damit der Pflicht des Staates zu weltanschaulicher Neutralität auch für Nicht-Gottesgläubige dürfte mittlerweile außer Zweifel stehen (vgl. aber o. Fn. 100). Ein anschaulicherer Verstoß gegen den Neutralitätsgrundsatz als den Auftrag an eine staatliche Instanz, etwa auch einen A-Theisten zur „Ehrfurcht vor Gott" zu erziehen, läßt sich schwerlich denken. Der höchstpersönliche Akt religiösen Glaubens oder Nichtglaubens ist nach dem Grundgesetz staatlicher Einflußnahme entzogen.

[163] Näher dazu u. C III.

II. Inhalt und Grenzen

steht der hier entwickelten Auffassung nicht entgegen. Der Religionsunterricht läßt den weltanschaulichen Charakter des übrigen Unterrichts unberührt[164]. Wo nach Landesrecht eine „Gemeinschaftsschule" besteht (z. B. Art. 56 II HessVfg.), handelt es sich also nicht deswegen um eine *christliche* Gemeinschaftsschule, weil dort nach Art. 7 III Religionsunterricht die Stellung eines ordentlichen Lehrfaches hat. Nur auf entsprechenden Elternwunsch könnte eine „bekenntnismäßige" christliche Gemeinschaftsschule errichtet werden, was z. B. in Hessen jedoch durch die Landesverfassung ausgeschlossen wird, die für alle Schulen die gemeinschaftliche Erziehung der Kinder aller religiösen Bekenntnisse und Weltanschauungen anordnet[165].

(h) Man gelangt damit zu dem *Ergebnis:* Das nicht vom Elternrecht abgeleitete, eigenständige staatliche Erziehungsrecht erstreckt sich auf die Vermittlung von Wissen (Fakten und Fertigkeiten), bei weltanschaulich umstrittenen Materien zusätzlich auf die Darstellung der unterschiedlichen wertenden Stellungnahmen ohne Identifikation mit einer dieser Wertaussagen. Es umfaßt ferner die werbende Darstellung der dem politischen Wandlungsprozeß als unabänderbar entzogenen Verfassungsgrundaussagen. Ein weiterreichendes staatliches Erziehungsrecht besteht nach dem Grundgesetze nicht.

---

[164] HessStGH v. 27. 10. 1965, DÖV 1966, S. 51 ff. mit der zutreffenden Begründung, daß Religionsunterricht i. S. d. Art. 7 III nicht auf die christlichen Religionen beschränkt sei; vgl. auch *Fischer* (Fn. 13), S. 270 m. Nachw.

[165] Art. 56 II HessVfg.

C. Die Bedeutung des Elternrechts für die schulische Erziehung

Nach der Gegenüberstellung eines sehr weiten familiären Erziehungsrechts der Eltern und eines sachlich deutlich eingeschränkten, in diesem Rahmen aber eigenständigen schulischen Erziehungsrechts, ist nun die Frage zu beantworten, wie sich diese beiden Positionen zueinander verhalten und d. h. vor allem, ob und wie etwa das Elternrecht in die Schule hineinwirke.

Hier werden unterschiedliche Standpunkte eingenommen, von dem völligen Ausschluß des Elternrechts über die eingangs bereits erwähnten Kooperations- und Harmonisierungsformeln bis hin zu einem weitreichenden Vorrange des Elternrechts, von dem sich schulische Erziehung abzuleiten hätte.

Es genügt allerdings nicht, sich für eine der genannten Möglichkeiten zu entscheiden. Unabhängig davon oder besser: zuvor, ist eine regelmäßig außer Acht gelassene Differenzierung erforderlich. Es ist zurückzugreifen auf die beiden schon erwähnten Komponenten des Elternrechts, das elterliche Einwirkungsrecht (Erziehungsrecht i. e. S.) einerseits und das Recht zur Wahrnehmung von Kindesrechten gegenüber Dritten andererseits.

Es empfiehlt sich, diese beiden Komponenten getrennt zu betrachten und jeweils zu prüfen, welche Folgerungen sich aus der einen oder anderen für das Verhältnis von Elternrecht und schulischem Erziehungsrecht ergeben.

I. Elterliches Erziehungsrecht i. e. S. und Schule

(1) Ordnet man die hierzu vertretenen Auffassungen, so lassen sich — unbeschadet aller Abweichungen im einzelnen — zwei grundsätzliche Positionen unterscheiden: Teilweise wird eine völlige Separation von familiärer und schulischer Erziehung angenommen[166]. Auswirkungen des elterlichen Erziehungsrechts, gleich in welcher seiner Komponenten, auf

---

[166] (Insbesondere für die WRV): *Landé* (Fn. 1), S. 720 (723); *Anschütz* (Fn. 1), Anm. 4 zu Art. 120 WRV; *Holstein* (Fn. 14), S. 215, 237 f.; *I. Richter*, Bildungsverfassungsrecht, 1973, S. 44 f.

I. Elterliches Erziehungsrecht i. e. S. und Schule

die Schule sind danach ausgeschlossen. Da das staatliche Erziehungsmandat auch nicht den hier entwickelten objektivrechtlichen Schranken unterliegen soll, wäre der Staat nach dieser Auffassung bei der inhaltlichen Unterrichtsgestaltung also gänzlich frei.

Die heute ganz überwiegend vertretene Gegenposition bejaht demgegenüber ein Hineinwirken des elterlichen Erziehungsrechts in die Schule. Dieses schulische Elternrecht stehe gleichrangig neben dem staatlichen Erziehungsrecht[167] oder sei ihm sogar vorgeordnet[168]. Schulische Maßnahmen, die dieses Elternrecht berührten, vornehmlich also jede wertbezogene Erziehung, erforderten daher Kooperation oder verhältnismäßigen Ausgleich im Sinne praktischer Konkordanz zwischen Elternrecht und staatlichem Schulmandat[169].

(2) Diese letztgenannten Harmonisierungs- und Konkordanzformeln müssen als unzureichend betrachtet werden. Sie gründen auf der Vorstellung einer „Erziehungsgemeinschaft", eines schulisch-elterlichen „Kondominiums", einer zwischen Schule und Elternhaus vermeintlich „unteilbaren Aufgabe" der Erziehung.

Dem ist entgegenzuhalten, daß die geforderte Kooperation angesichts der Vielfalt vorhandener Elternmeinungen schon organisatorisch nicht zu bewältigen wäre.

Da Kooperation sich nicht erzwingen läßt, ergibt sich zudem das ungelöste Problem, zu wessen Gunsten im Konfliktsfalle, also bei Wegfall der Kooperationsvoraussetzungen, zu entscheiden sei; dabei kann im Ergebnis durchaus eine „Teilbarkeit" der Erziehungstätigkeit sichtbar werden, etwa wenn einerseits das Recht der Schule zur Erziehung im Geiste der Demokratie, gleichzeitig aber das Recht der Eltern zu einer außerschulischen Einwirkung im gegenläufigen Sinne bejaht werden muß[170].

---

[167] So insbesondere BVerfGE 34, 165 (Förderstufe Hessen), S. 182 f.; *Böckenförde* (Fn. 2), S. 85; *Maunz / Dürig / Herzog / Scholz*, Rz. 27 a zu Art. 6 GG.

[168] *Ossenbühl*, DÖV 1977, S. 801 (807 f.); ders. (Fn. 2), S. 110 ff.; *Erichsen* (Fn. 2), S. 16 m. Nachw. in Fn. 53, 54. — Allerdings sind diese Stellungnahmen in ihrer Reichweite schwer zu beurteilen, da die genannten Autoren nicht (deutlich) zwischen den beiden Komponenten des Elternrechts (der Einwirkungs- und der Wahrnehmungsbefugnis) unterscheiden und möglicherweise den Wahrnehmungsaspekt im Auge haben, wenn sie pauschal „das Elternrecht" mit Vorrang in die Schule hineinwirken lassen wollen. *Erichsen* z. B. schwankt dementsprechend zwischen einer Vorrang- (S. 16) und einer Gleichrangthese (S. 19), eine durch die Nichtbeachtung der Doppelgesichtigkeit des Elternrechts hervorgerufene Widersprüchlichkeit.

[169] Dabei begegnet der Versuch einer Abstufung mit zunehmender Berücksichtigung der elterlichen Vorstellungen bei Übergang von der ersten, die Wissensvermittlung betreffenden, zur zweiten und dritten, Lebenswegentscheidung und weltanschauliche Ausrichtung umfassenden Stufe; vgl. *Maunz / Dürig / Herzog / Scholz*, Rz. 25 d, 31 a zu Art. 6 GG; *Böckenförde* (Fn. 2), S. 86 f.

C. Die Bedeutung des Elternrechts für die schulische Erziehung

Wie eingangs hervorgehoben, erscheint demgegenüber eine klare Kompetenzabgrenzung für die elterliche und schulische Einwirkung auf das Kind unumgänglich, kraft deren eindeutig entschieden werden kann, wer in seinem Einwirkungsbereich in einer bestimmten Frage das „letzte Wort" zu sprechen habe, anstatt Eltern *und* Schule für einen Problembereich als zuständig zu erklären und über ein Kooperationsgebot zu Abwägungsprozeduren zu gelangen, die vorausberechenbare Entscheidungen nicht mehr erwarten lassen.

(3) Die geforderte klarere Abgrenzung für das Feld des Erziehungsrechts läßt sich erreichen, wenn man die *Systematik der einschlägigen Vorschriften* des Grundgesetzes heranzieht:

(a) Elterliches und schulisches Erziehungsrecht haben in zwei voneinander *getrennten Grundgesetzartikeln* ihre Regelung gefunden. Der schulische Bereich ist „räumlich" dem elterlichen Recht der Einwirkung auf das Kind entzogen. Art. 7 enthält also gegenüber Art. 6 II 1 eine Sonderregelung[171] des Inhalts, daß im räumlichen Schulbereich und während der Zeit des dort erfolgenden Schulehaltens das elterliche Einwirkungsrecht auf das Kind außer Kraft gesetzt ist. Damit ist nicht behauptet, das Elternrecht komme in der Schule überhaupt nicht zur Geltung. Es war vielmehr klarzustellen, daß ein elterliches *Einwirkungs*recht auf das Kind so weit nicht besteht, wie sich das Kind im Wirkungsbereich des staatlichen Erziehungsmandats befindet, so wie dieser oben im Hinblick auf Schulorganisation, Wissensvermittlung und „staatsintegrativem" werbenden Eintreten für die bestandsfesten Verfassungsinhalte umschrieben wurde. In diesem Bereiche entfällt durch die Sonderregelung des Art. 7 ein Recht der Eltern zur positiven Einflußnahme auf den schulischen Unterrichtsinhalt. Dies schließt aber die Annahme keineswegs aus, den Eltern stehe bei Überschreitung der dem staatlichen Erziehungsmandat gezogenen Grenzen ein „negatives" Recht zur Abwehr schulischer Grundrechtseingriffe zu (hierzu näher sub II).

---

[170] Dazu noch u. C I 7 (vor Fn. 195). Es handelt sich dabei um eine nicht kooperativ auflösbare Konfliktkonstellation, die übrigens keineswegs nur bei dem hier vertretenen Lösungsmodell auftreten kann.

[171] Vgl. den Ausdruck „Verfassungsvorbehalt" bei *Maunz / Dürig / Herzog / Scholz*, Rz. 41 zu Art. 7 GG; zustimmend *Böckenförde* (Fn. 2), S. 88; zu der Absicht des Verfassungsgebers, durch Abtrennung des Schulartikels die eigenständige Rolle der Schule zu betonen, siehe auch *Schwitzke* (Fn. 68), S. 98; *Peters* (Fn. 2), S. 405. — Unzutreffend aber BVerfGE 34, 165 (Förderstufe Hessen), S. 82 f.: Art. 7 werde durch Art. 6 II 1 eingeschränkt. Ganz offensichtlich ist *Art. 7* die lex specialis, die einen erzieherischen Sonderbereich in Abweichung von Art. 6 II regelt. Art. 7 ist es, der für seinen Anwendungsbereich Art. 6 II verdrängt und ihn damit „beschränkt". Daß Art. 7 jedoch nicht die Grundrechtsstellung des *Kindes* beseitigt und damit Raum läßt für die Wahrnehmungskomponente des Elternrechts wird noch zu zeigen sein (C II).

I. Elterliches Erziehungsrecht i. e. S. und Schule

(b) Dieses Ergebnis folgt auch daraus, daß der von der Regelung der familiären Kindeserziehung abgetrennte Art. 7 diejenigen Fälle ausdrücklich und ganz offensichtlich als *Ausnahme* erwähnt, in denen die Eltern ihr Erziehungsrecht *in den Schulbereich hinein sollen erstrecken können*. Es ist dies das Entscheidungsrecht über die Teilnahme am Religionsunterricht, notwendige Folge der Einrichtung des Religionsunterrichts als ordentliches Lehrfach in zahlreichen Schulen, und ferner die „Ausweichmöglichkeit" hin zur Privatschule (Art. 7 IV), in der die gewünschte positive weltanschauliche Ausrichtung gepflegt werden kann[172].

(c) Zudem stimmt nur diese Auslegung mit dem Ablaufe der *Verfassungsberatungen* überein. Das Elternrecht wurde nicht, wie vorgeschlagen, in den Schulartikel aufgenommen, sondern hiervon getrennt und dem Artikel „Ehe und Familie" zugewiesen. Auch wurde nach heftigen Auseinandersetzungen die geforderte Erstreckung des elterlichen Erziehungsrechtes in die Schule hinein mehrfach[173] ausdrücklich abgelehnt. Es entspricht daher in keiner Weise den Tatsachen, wenn behauptet wird, mangels Einigung im Parlamentarischen Rat sei der Komplex Elternrecht und Schule ungeregelt geblieben und dem Landesgesetzgeber zur Entscheidung zugewiesen[174]. Daran ist nur richtig, daß in der Tat keine Einigkeit im Parlamentarischen Rat zu erzielen war. Gleichwohl ist in dieser Frage *entschieden* worden[175], und zwar (s. o.), nämlich *gegen* die geforderte Ausdehnung des Elternrechts. Es ist dies keineswegs der einzige Fall einer streitigen Entscheidung im Parlamentarischen Rat. Niemand wird annehmen wollen, die Erstreckung von Art. 14 I 1 auch auf das Eigentum an Produktionsmitteln sei deswegen grundgesetzlich „nicht geregelt", weil diese Frage ohne Einigung diskutiert und schließlich mit knappester Mehrheit entschieden worden ist. Eine derart klare Entscheidung, wie diejenige zum Elternrecht, deren für sie ungünstiger Ausgang von der Minderheit im Parlamentarischen Rat ausdrücklich anerkannt wurde[176], kann nicht ohne Gefährdung des

---

[172] Vgl. dazu *U. K. Preuß*, Lehrplan und Toleranzgebot, RdJB 1976, S. 267 (268).

[173] Insgesamt sechsmal, vgl. Jb. d. öff. R. NF Bd. 1, S. 92, 99 ff., 101 ff.; *v. Mangoldt*, Kommentar zum Grundgesetz, 1. Aufl. 1953, Anm. 3 zu Art. 6; *Ossenbühl* (Fn. 2), S. 23 ff.; zwar ging es dabei primär um das Elternrecht im Hinblick auf die *konfessionelle* Schulgestaltung, doch kann für den elterlichen Einfluß in allgemein-weltanschaulicher Hinsicht nichts anderes gelten. Zum Kompromißcharakter der grundgesetzlichen Regelung vgl. noch *D. Schwab*, Zur Geschichte des verfassungsrechtlichen Schutzes von Ehe und Familie, in: FS f. F. W. Bosch, 1976, S. 90 ff.

[174] So aber *M. Abelein*, Historische Überlegungen zum Elternrecht, RdJ 1967, S. 34 (37).

[175] Siehe auch u. C III 3 (bei Fn. 255).

[176] Vgl. Jb. d. öff. R. NF Bd. 1, S. 110.

54   C. Die Bedeutung des Elternrechts für die schulische Erziehung

Kompromißcharakters und damit der Konsensfähigkeit des Grundgesetzes im nachhinein durch interpretatorische Bemühungen rückgängig gemacht werden[177]. Dies hat nichts zu tun mit der Vorstellung eines die künftige Entwicklung starr determinierenden Verfassungstextes. Auch wer der Meinung ist, Verfassungsentscheidungen fixierten nichts anderes als „in den Grenzen variable Interpretationsspielräume"[178], muß Interpretationsgrenzen jedenfalls dann beachten, wenn, wie beim Elternrecht, die damals kontroversen Fragen keineswegs obsolet geworden sind. Solange nach wie vor die gegensätzlichen Auffassungen aktuell gegeneinanderstehen, wäre die interpretatorische (nicht die *rechtspolitische!*) Parteinahme für die bei der Verfassungsgebung unberücksichtigt gebliebene Position nicht als (grundsätzlich notwendiger) juristischer Nachvollzug definitiv gewordener sozialer Veränderungen, sondern als Versuch einer Verfassungskorrektur außerhalb des hierfür vorgesehenen Verfahrens zu qualifizieren.

(4) Diesem Ergebnis kann nicht mit dem *Einwand* begegnet werden, schulische Erziehung wirke über die Schule hinaus; schon aus diesem Grunde müsse es ein elterliches Recht zur Einflußnahme auf die Schule geben[179].

Sicherlich wirkt die Schulerziehung faktisch auf die familiäre Erziehungssituation ein. Doch gilt dies auch im umgekehrten Sinne, so wenn etwa die schulische Erziehung zur Demokratie durch andersgeartete elterliche Erziehungsziele konterkariert wird. Die Kompetenzausübung im einen hat immer auch faktische Folgen für den anderen Bereich, ohne daß dies dem Bestehen der Kompetenzbereiche und der Rechtmäßigkeit der jeweiligen Kompetenzausübung Abbruch täte. Die Alternative bestünde in einem vagen Aufeinander-Rücksicht-nehmen, ohne klare Konturen und ohne Feststellbarkeit des in der Familie oder in der Schule jeweils rechtlich Zulässigen[180].

---

[177] Kritisch dazu auch *Quaritsch*, Kirchen und Staat, Der Staat 1 (1962), S. 175 (195), der es zu den Ereignissen des deutschen Verfassungsrechts zählt, daß die Interpretation der unverändert rezipierten staatskirchenrechtlichen Vorschriften der WRV innerhalb eines Jahrzehnts zu Konsequenzen geführt habe, die dem Inhalt der im Jahre 1948 abgelehnten Anträge entsprächen bzw. noch weit darüber hinausgingen. Vgl. auch *Böckenförde* (Fn. 2), S. 81 (Text zu Fn. 118).

[178] *Podlech*, Wertentscheidung und Konsens, in: G. Jacobs (Hrsg.), Rechtsgeltung und Konsens, Berlin 1976, S. 9 (24).

[179] Dieser Ansatz bei *Böckenförde* (Fn. 2), S. 81: Das familiäre Elternrecht erstrecke sich so weit in die Schule, wie diese „einen unmittelbaren Bezug zur familiären Gesamterziehung" aufweise. Zutreffend aber der Hinweis Böckenfördes, in Art. 6 II 1 werde ein elterliches Bestimmungsrecht *über die Schule* nicht mitgarantiert.

[180] Die Auffassung von der Erstreckung des elterlichen Erziehungsrechts i. e. S. in die Schule hinein kann auch nicht auf Art. 2 II des Zusatzprotokolls vom 20. 3. 1952 zur Europ. Menschenrechtskonvention v. 4. 11. 1950 gestützt

(5) Auch Versuche, durch eine pauschale *Rangminderung* des schulischen Erziehungsrechts dem vermeintlich vorrangigen elterlichen Erziehungsrecht doch noch ein Hineinwirken in die Schule zu ermöglichen, überzeugen nicht[181]:

Der Hinweis auf den *Wortlaut* des Art. 6 II 1 („zuvörderst"; „natürliches Recht") geht fehl[182]. Zunächst bezieht sich „zuvörderst" nicht auf das Erziehungs*recht*, sondern auf die Erziehungs*pflicht* der Eltern. Das Wort kennzeichnet die Subsidiarität staatlicher Erziehungsinstanzen, die eine Verpflichtung zum Tätigwerden nur dann trifft, wenn die Eltern von ihrem Erziehungsrecht keinen oder einen unzulässigen Gebrauch machen und damit ihrer (primären) Erziehungspflicht nicht genügen[183]. Wichtiger ist aber folgendes: Ein in Art. 6 zugewiesenes Erziehungsrecht samt seiner Attribute („natürlich") kann sich schon wegen seiner Stellung in diesem Artikel nur auf den dort geregelten Bereich der Familie und also auf die familiäre Erziehung erstrecken, nicht aber auf den hiervon abgelösten Bereich der schulischen Erziehung.

Nicht weiter führt auch die Kennzeichnung der Schulerziehung als „*Zwangserziehung*"[184] im Gegensatz zu der auf einem „natürlichen Tatbestand" beruhenden elterlichen Erziehung. Die Anknüpfung an den biologischen Tatbestand der Elternschaft ändert nichts daran, daß neben

---

werden (so aber *Peters* (Fn. 2), S. 406): Diese mit einfachem Gesetzesrang geltende Regelung (vgl. *I. v. Münch*, in: ders. (Fn. 58), Rz. 80 vor Art. 1—19 GG; *A. Bleckmann* (Fn. 10), S. 24) wäre nicht imstande, die verfassungsrechtlich vorgenommene Kompetenzverteilung zwischen Eltern und Schule zu verändern. Die Bestimmung steht aber gar nicht im Widerspruch zu den grundgesetzlichen Normierungen. Sie ist dahin zu verstehen, es solle den Eltern die Möglichkeit gewährleistet werden, die von ihnen gewünschte besondere weltanschauliche Erziehung sicherzustellen, eine Forderung, der bereits durch die grundgesetzliche Privatschulfreiheit entsprochen ist. Ein positives Einwirkungsrecht der Eltern auf öffentliche Schulen ist Art. 2 II des ZusatzProt. nicht zu entnehmen. Dem entspricht auch die zu dieser Vorschrift abgegebene Erklärung der Bundesrepublik Deutschland, Art. 2 II begründe keine Verpflichtung des Staates zur Finanzierung religiöser oder weltanschaulicher Schulen (BGBl. 1957 II, S. 226). — Vgl. hierzu auch die Entscheidung des Europ. Gerichtshofs für Menschenrechte v. 7. 12. 1976 „Sexualkunde Dänemark" (EuGRZ 1976, S. 478) und die Anmerkung von *Evrigenis*, EuGRZ 1981, S. 637 (638 f.), wo Art. 2 II zwar auf die öffentliche Schule bezogen, aber nur im Sinne eines „Objektivitäts"- bzw. „Pluralismus"-Gebotes gedeutet wird. Dies entspricht im Ergebnis der hier für das Grundgesetz vertretenen Auffassung, wonach den Eltern zwar ein („negatives") Recht zur Abwehr fremdweltanschaulicher schulischer Einwirkung (dazu u. C II 2, 3), nicht aber ein Recht zur positiven weltanschaulichen Schulgestaltung zusteht.

[181] Den Vorwurf mangelnder Strigenz der Argumentation gegen diesen Versuch der Rangerhöhung erhebt auch *Böckenförde* (Fn. 2), S. 84.
[182] *Ossenbühl* (Fn. 2), S. 111.
[183] BVerfGE 10, 59 (83); vgl. auch E 60, 79 (88): Der Staat ist (hilfsweise) *verpflichtet*, nach Art. 6 II 2 einzugreifen; ähnlich E 24, 119 (Adoptionsrecht), S. 144.
[184] *Ossenbühl* (Fn. 2), S. 111.

dem Elternrecht des Art. 6 II 1 das staatliche Erziehungsrecht einen gleichermaßen verfassungsrechtlich abgesicherten Kompetenzbereich bildet. Aus der Sicht des Kindes ist übrigens auch die *elterliche* Erziehung „zwangsweise" vorgegeben; eine „pädagogische Null"[184] müssen Kinder nicht nur als Lehrer sondern ggf. auch als Vater oder Mutter akzeptieren.

Keine Schwierigkeiten ergeben sich auch aus einer etwaigen „*Ausstrahlungswirkung*" oder „Direktionskraft" der in Art. 6 II 1 getroffenen verfassungsrechtlichen Entscheidung, die gerne als „wertentscheidende Grundsatznorm" oder ähnlich bezeichnet wird.

Zunächst bestehen schon grundsätzliche Bedenken gegen die Einführung dieser Art von Wertterminologie in die verfassungsrechtliche Diskussion[185]. Der Ausdruck Wertentscheidung ist zwar unbedenklich, wenn man ihn dahin versteht, daß hier vom Verfassungsgeber eine „wertende" Entscheidung zwischen widerstreitenden Wertvorstellungen getroffen wurde. Aus der Verwendung des Ausdrucks erwächst aber die Gefahr, daß Entscheidungen des Verfassungsgebers — und zwar auch solche, die nicht die für unabänderlich erklärte Verfassungssubstanz betreffen — in den Rang „objektiver" Werte erhoben werden, die jeder Erörterung entzogen und deren rechtspolitische Infragestellung als „unwertig" zu tadeln wäre[186]. Des weiteren dürfen wohl die meisten Grundrechtsentscheidungen im auch deshalb so genannten Grundgesetz besonderes Gewicht beanspruchen. Der Erklärungswert der oben wiedergegebenen Formeln ist also nur gering zu veranschlagen.

Davon gänzlich abgesehen, kann sich eine Ausstrahlungswirkung solcher „Wertentscheidungen" zwar gegenüber dem einfachen Gesetzesrecht[187] entfalten, aber keinesfalls dort, wo eine solche Ausstrahlung von der Verfassung bewußt ausgeschaltet wird. Dies ist hier der Fall, da für den Bereich der Schule verfassungsrechtliche Sonderregelungen bestehen. Solche innerverfassungsrechtlichen Abgrenzungsfragen lassen sich mit der Figur der Ausstrahlungswirkung nicht lösen[188]. Elterliches und schulisches Erziehungsrecht stehen, jedes für seinen Bereich, gleichrangig im Grundgesetz. Der vom Verfassungsgeber bewußt *begrenzte*

---
[185] Insgesamt kritisch *Goerlich*, Wertordnung und Grundgesetz, 1973; E. *Grabitz*, Freiheit und Verfassungsrecht, 1976, S. 218 ff.; s. auch A. *Podlech*, Werte und Wertungen im Recht, AöR 95 (1970), S. 185 ff.; *Hasso Hofmann*, Legitimität und Rechtsgeltung, Berlin 1977, S. 62 f. („nicht ungefährliche interpretatorische Inkantationen").

[186] Man beachte demgegenüber die unbefangene rechtspolitische Kampfansage der Minderheit im Parlamentarischen Rat nach der Mehrheits(„Wert"-)Entscheidung gegen eine Ausstrahlung des elterlichen Erziehungsrechts in die Schule, Jb. d. öff. R. NF Bd. 1, S. 110.

[187] Bei dessen Erlaß oder Anwendung.

[188] Vgl. *H. H. Rupp*, NJW 1971, S. 275.

I. Elterliches Erziehungsrecht i. e. S. und Schule

Anwendungsbereich einer Verfassungsnorm läßt sich nicht dadurch zu Lasten einer anderen ausweiten, daß man die betreffende Norm mit den genannten werthaltigen Attributen ausstattet.

(6) Die hier vertretene *These* geht also dahin: Im räumlich-zeitlichen Bereich des in Art. 7 umschriebenen staatlichen Schulehaltens wird das elterliche Erziehungsrecht i. e. S., also das positive elterliche Einwirkungsrecht auf das Kind verdrängt[189]. Eine Überschneidungszone entsteht insoweit nicht[190]. Der entstehende „Freiraum" wird vom staatlichen Erziehungsmandat einschließlich der Befugnis zur Entscheidung über die schulorganisatorischen Fragen ausgefüllt. Hierbei sind dann freilich die durchaus engen Grenzen zu beachten, die staatlicher Erziehung dort zu setzen sind, wo sie über die Wissensvermittlung hinausreicht[191].

---

[189] Hierin liegt — wie gegenüber möglichen Mißdeutungen hervorzuheben ist — *nicht* die Behauptung, das Elternrecht sei für die schulische Unterrichtsgestaltung schlechthin irrelevant. Es wird sich zeigen, daß die zweite Komponente des Elternrechts (die Befugnis zur Wahrnehmung der Kindesgrundrechte gegenüber dem Staate) sehr wohl zu Auswirkungen in die Schule hinein führen kann (siehe dazu C II).

[190] Deswegen ist auch kein Raum für eine „Stufenlehre" (s. o. Fn. 169).

[191] Es ist allerdings in einem Teil der *Länderverfassungen* von einer Erstreckung des Elternrechts in die Schule die Rede (z. B. NRW Art. 8 I; Hessen Art. 55, 56 VI). Dies ändert aber nichts an dem hier erzielten Ergebnis: Zunächst könnten solche landesrechtlichen Einräumungen von vorneherein niemals Inhalt des grundgesetzlichen Elternrechts sein. Vor allem aber: Der Landesgesetzgeber ist nicht befugt, die grundgesetzlich vorgenommene Kompetenzabgrenzung innerhalb der Artikel 6 und 7 zu verändern (vgl. schon oben B II 3 g für das objektive Verfassungsprinzip der weltanschaulichen Neutralität des Staates). Art. 142 hilft nicht. Er würde es nur gestatten (was aber angesichts der weiten Fassung des Art. 6 II 1 kaum möglich sein dürfte), das familiäre Erziehungsrecht der Eltern i. S. d. Grundrechtsnorm des Art. 6 II 1 bzw. die daraus fließenden elterlichen Wahrnehmungsbefugnisse dem Staate gegenüber zu erweitern; nicht zulässig ist aber die Veränderung der kompetenziellen Bereichszuweisung an den Staat in Art. 7, weil durch sie eine Grundrechtserstreckung der genannten Art gerade positiv ausgeschlossen wird. Verfassungsrechtlich unbedenklich sind daher nur solche landesrechtlich eingeräumten elterlichen Einwirkungsbefugnisse, die die Letztentscheidungskompetenz des Staates unangetastet lassen. Dem entspricht z. B. das Hess. Gesetz über die Mitbestimmung der Erziehungsberechtigten, das aufgrund des Art. 56 VI der Landesverfassung ergangen ist, wobei Abs. 6 die Absätze 2 bis 5 dieses Artikels ausdrücklich unangetastet läßt. Siehe auch u. C I 8 (bei Fn. 209).

Als völlig verfehlt muß daher das Urteil des HessStGH v. 30. 12. 1981 (NJW 1982, S. 1381) erscheinen. Dabei ist hier nicht davon zu handeln, daß diese Entscheidung schon nicht dem Inhalt der HessVfg. nicht entspricht, indem sie die (im Zweifelsfalle grundgesetzwidrigen, s. o. Fn. 42) Bindungen des elterlichen Erziehungsrechts in Art. 55 I isoliert als ein entsprechendes *Recht* der Eltern aufrechterhalten will, um hieraus sodann (ohne jede Begründung) einen Anspruch der Eltern gegenüber dem Staate auf bestimmte Unterrichtsinhalte abzuleiten (vgl. die Kritik bei *Evers*, Grundrecht auf Vermittlung umfassender Allgemeinbildung?, JZ 1982, S. 459 ff.; s. auch *L. Dietze*, NJW 1982, S. 1353 ff.). Selbst *wenn* nämlich die HessVfg. den ihr vom Gericht unterlegten

C. Die Bedeutung des Elternrechts für die schulische Erziehung

(7) Mit dieser These ist zunächst einmal verbunden die *Ablehnung eines strengen Separationsmodells,* insofern jenes Modell nämlich (über die zutreffenderweise konstatierte Abtrennung des schulischen Bereiches hinaus) dem Staate zu weit reichende Freiheit bei der inhaltlichen Ausrichtung des Unterrichts einräumt und zudem die noch zu erörternde zweite Komponente des Elternrechts, die Funktion der Wahrnehmung von Grundrechten für das Kind, vernachlässigt.

Abgelehnt wird aber *auch das Kooperations- oder Konkordanzmodell,* demzufolge elterliches und schulisches Erziehungsrecht in der Schule gleichberechtigt oder sogar mit einem Vorrange des Elternrechts zusammenzuwirken hätten. Die Diskussion um Vor- oder Nachrang bzw. die bei Annahme des Gleichranges beider Erziehungsrechte entstehende Problematik der Abwägung und Abgleichung nach dem Leitbilde der „praktischen Konkordanz", der „Rücksichtnahme", „Toleranz" oder eines „Höchstmaßes an Zurückhaltung"[192] sind zu ersetzen durch die Bestimmung einer abgesonderten, sachlich zwar deutlich begrenzten, in diesem Rahmen aber allein wirksamen Kompetenzzuweisung an die Schule.

Für den Vergleich mit dem Kooperationsmodell des Bundesverfassungsgerichts muß man freilich sehen, daß dort zunächst einmal der staatliche Erziehungsanspruch im weltanschaulichen Bereiche weit gefaßt wird. Er geht deutlich über den hier als Verfassungsessenz bezeichneten Rahmen hinaus[193]. Man billigt dem Staate die Befassung mit Materien zu, die nach hiesiger Auffassung außerhalb des staatlichen Erziehungsauftrages liegen. In der Folge wird es dann geradezu unvermeidlich, die schulischen Aktivitäten zwecks Erzielung „praktischer Konkordanz" mit dem elterlichen Erziehungsrecht abzugleichen. Die These von der Ausstrahlung des Elternrechts in die Schule erweist sich so als Folge eines zuvor inhaltlich zu weit gefaßten schulischen Erziehungsauftrages[194].

In der hier vorgeschlagenen Lösung beschränkt sich demgegenüber das staatliche Erziehungsrecht von vornehrein neben der Schul- und Unterrichtsorganisation und der Vermittlung von Wissen und Fertig-

---

Inhalt hätte, stünde sie ihrerseits nicht im Einklang mit der in Art. 6 und 7 des Grundgesetzes getroffenen Entscheidung.

[192] Vgl. *Erichsen* (Fn. 2), S. 25.

[193] BVerfGE 34, 165 (Förderstufe Hessen), S. 183; E 47, 46 (Sexualkunde), S. 72; vgl. auch die Spannweite schulischer Erziehungsziele bei *Häberle* (Fn. 126), S. 234 ff.

[194] Dies gilt allerdings nicht für die beispielsweise von *Ossenbühl* vertretene Meinung; dort wird zunächst der Umfang des schulischen Erziehungsmandats eher restriktiv bestimmt und sodann zusätzlich das als vorrangig gedachte Elternrecht mit Ausstrahlungswirkung in die Schule hinein versehen.

keiten als notwendigem Bestandteil staatlichen Schulehaltens auf die Einbringung der unveränderlichen Verfassungssubstanz in den Unterricht. „Praktische Konkordanz" mit abweichenden elterlichen Erziehungsabsichten ist hier weder möglich noch nötig. Gerade in der einheitlich ohne Rücksicht auf elterliche Vorstellungen erfolgenden schulischen Erziehung im Sinne der Verfassungsgrundaussagen bewährt sich die geschilderte Integrationsfunktion der Schule, die erhöhte Bedeutung erlangt angesichts eines sehr weit gefaßten familiären Erziehungsrechts der Eltern.

Hier zeigen sich deutlich Schwächen und Gefahren des Kooperations- und Konkordanzdenkens. Denn wenn ein elterliches Erziehungsrecht gleich- oder sogar vorrangig in die Schule hineinwirkte, dann wären im Unterricht sogar von dem „Wertungsvorrat" der Verfassungs*substanz* im Zuge der Abgleichung mit dem Elternrecht noch Abstriche zu machen. Selbst einer elterlichen „Verfassungssubstanzgegnerschaft" wäre also in der Schule „halbwegs" entgegenzukommen[195].

Zudem ist die Auffassung, die Schule habe für die unterschiedlichen Wertvorstellungen der Eltern „offen" zu sein[196], praktisch gar nicht erfüllbar. Man denke an die Vielzahl vorhandener Weltanschauungen, elterlicher Erziehungskonzepte und an deren nicht seltenen Absolutheitsanspruch, der es ausschließt, die Bewältigung von Konflikten gleichsam zu einer „Taktfrage" herabzustufen[197]. Wenn in richtiger Erkenntnis dessen das Bundesverfassungsgericht dem Staate einen weiten Gestaltungsspielraum bei der weltanschaulichen Ausgestaltung des Unterrichts einräumt[198], dann hat es damit das angeblich gleichrangig bestehende elterliche Erziehungsrecht doch noch durch die Hintertüre aus der Schule eskamotiert. Mit der Folge freilich, daß nunmehr ein inhaltlich deutlich *über* die unveränderliche Verfassungsessenz hinausgreifender Staat bei der Unterrichtsgestaltung am Werke ist.

---

[195] Zurückhaltend in diesem Punkte *Maunz / Dürig / Herzog / Scholz*, Rz. 2 zu Art. 7 GG: Die Schule dürfe gegenüber Andersdenkenden nicht „kämpferisch eingestellt" sein. Dies kann nur in dem Sinne gelten, daß es dem Staate verwehrt ist, in das familiäre Erziehungsgeschehen unmittelbar hineinzuwirken; *innerhalb* der Schule brauchen hier Rücksichten auf die Vorstellung der Eltern nicht genommen werden. Der Unterricht kann insoweit als Ausfluß „streitbarer" Demokratie verstanden werden.
[196] Oder auch: die Schule müsse auf die Grundrichtung elterlicher Erziehung Rücksicht nehmen.
[197] Vgl. die ein wenig gequälten Ausführungen in BVerfGE 41, 29 (Gemeinschaftsschule Ba-Wü), S. 50 f.
[198] Und dabei den partiellen Wegfall grundrechtlicher Positionen der Eltern / Schüler in Kauf nimmt („muß davon ausgegangen werden, daß sich der einzelne nicht uneingeschränkt auf das Freiheitsrecht aus Art. 4 GG berufen kann"), BVerfGE 41, 29 (Gemeinschaftsschule Ba-Wü), S. 50; 47, 46 (Sexualkunde), S. 76.

C. Die Bedeutung des Elternrechts für die schulische Erziehung

(8) An dem hier gewonnenen Ergebnis vermag auch nicht ein „kollektives *Elternrecht*" etwas zu ändern, dessen Bestehen gelegentlich behauptet wird: Es gebe schulische Maßnahmen, die die Schüler nicht individuell, sondern kollektiv träfen. Dem müsse ein kollektives, auch als „pädagogisch" bezeichnetes[199] Elternrecht entsprechen. Dieses könne allerdings — wie man richtig erkennt[200] — Art. 6 II 1 nicht unmittelbar entnommen werden angesichts des individualrechtlichen Charakters des dort verbürgten Grundrechts. Helfen soll hier neuerlich die „Austrahlungswirkung" (Direktionskraft) des Art. 6 II 1. Wegen der Bedeutung des Elternrechts dürfe in der Schule nicht der staatlich-demokratische Willensbildungsprozeß allein entscheiden. Art. 6 II 1 begründe ein „Kondominium" von Staat und Eltern in der Schule und verbiete ein Entscheidungsmonopol des Staates. Neben Elementen unmittelbarer Staatsverwaltung müsse es angesichts der „organisatorischen Grundrechtssubstanz" des Art. 6 auch Elemente gesellschaftlicher Selbstverwaltung geben[201].

Diese These kann aus einer Reihe von Gründen nicht überzeugen:

— Es wurde bereits hervorgehoben, daß Art. 7 als eigenständige Verfassungsregelung neben der des Art. 6 steht und somit kein Raum verbleibt für die vermeintliche Ausstrahlungswirkung[202]. Spannungslagen wie die zwischen Art. 6 und 7 des Grundgesetzes können mit dieser Figur nicht gelöst werden. Der Verfassungstext selbst enthält keinen Hinweis darauf, daß die staatliche Willensbildung im Rahmen des Art. 7 unter den Vorbehalt der Betätigung von Gruppenmitwirkungsrechten gestellt sei.

— Auch wenn man annimmt, der „organisatorischen Grundrechtssubstanz" des Art. 6 II 1 sei durch Elemente gesellschaftlicher Selbstverwaltung zu entsprechen, kann dies nicht zur Annahme eines kollektiven Elternrechts führen, da diesem Gesichtspunkt durch die Anerkennung der Privatschulfreiheit bereits ausreichend Rechnung getragen ist[203].

— Man sollte auch die Gefahren nicht unterschätzen, die aus einem „Kondominiumsdenken" für das *familiäre* Erziehungsrecht erwachsen können. Der Weg vom Kondominium und der einheitlichen, unteilbaren Erziehungsaufgabe zu der Forderung nach staatlichen Einwirkungskompetenzen auf den familiären Erziehungsvorgang dürfte nicht allzu

---

[199] *Ossenbühl* (Fn. 2), S. 102 f.
[200] *Ossenbühl* (Fn. 2), S. 98.
[201] Vgl. dazu *J. Isensee*, Demokratischer Rechtsstaat und staatsfreie Ethik, in: Essener Gespräche zum Thema Staat und Kirche, Bd. 11, Münster 1976, S. 92 (116).
[202] Siehe o. C I 5.
[203] *Böckenförde* (Fn. 2), S. 93 Fn. 159.

I. Elterliches Erziehungsrecht i. e. S. und Schule 61

weit sein. Hinzu kommt, daß Minderungen individueller Elternrechtspositionen sich dann „kompensieren" ließen durch die Einräumung von Mitwirkungsrechten innerhalb kollektiver Gremien[204].

— Die Annahme eines elterlich-schulischen „Kondominiums" verwischt zudem die *politische Verantwortlichkeit* für die Schulpolitik in Richtung basisdemokratischer statt repräsentativer Vorstellungen[205]. Im selben Augenblick, in dem der Staat sein in demokratischen Wahlen erworbenes Mandat nicht mehr allgemeinpolitisch, sondern gegenüber Gruppen von jeweils betroffenen Bürgern zu verantworten hätte, wäre in der Tat mit einer „Vergesellschaftung des Staates" begonnen. Wer als Individualrechte ausgestaltete Grundrechte auflädt mit einem Anspruch der jeweils in ihren Grundrechten tangierten Bürger auf kollektive Teilhabe an der sie betreffenden staatlichen Willensbildung, initiiert die Auflösung der im Wahlakt als Einheit auf die staatlichen Organe übertragenen und einheitlich gegenüber dem Wahlvolk zu verantwortenden Staatsgewalt[206]. „Staatliche Kompetenz ist wahrzunehmen von staatlichen Organen als Repräsentanten der Allgemeinheit in demokratisch-politischer Verantwortung vor eben dieser Allgemeinheit, nicht in Vereinbarung und Einvernehmen mit den jeweils Beteiligten"[207].

Wenn damit auch feststeht, daß Art. 6 II 1 zwar *vor* staatlichen Entscheidungen schützt, nicht aber ein Recht auf Mitwirkung an staatlichen Entscheidungen eröffnet, so bleibt es dem Gesetzgeber doch unbenommen, den Eltern bestimmte Mitwirkungsrechte kollektiver Art einzuräumen[208]. Diese Mitwirkungsbefugnisse müssen sich aber im Rahmen der grundgesetzlichen Vorgaben bewegen, also die Letztentscheidung aller wesentlichen schulpolitischen Fragen den staatlichen Instanzen überlassen[209]. Außerdem liegt die Entscheidung über solche kollektiven Mitwirkungsrechte im Ermessen des Landesgesetzgebers, wobei natür-

---

[204] Vgl. nur das Schicksal der Garantie der kommunalen Selbstverwaltung. — Diese Gremien wären natürlich beherrscht vom Mehrheitsgrundsatz, der den Eltern die Realisierung ihrer individuellen Vorstellungen nicht mehr gestatten würde.

[205] *Chr. Starck,* Staatliche Schulhoheit, pädagogische Freiheit und Elternrecht, DÖV 1979, S. 269 (275); *Böckenförde* (Fn. 2), S. 91 f.

[206] Dieser Gesichtspunkt ist es ja, der es z. B. ausschließt, im Rahmen der Personalvertretung Mitbestimmungsbefugnisse zu verankern, die die Letztverantwortlichkeit des Trägers der Personalgewalt in Frage stellten; vgl. dazu *H. Lecheler,* Die Personalgewalt öffentlicher Dienstherren, Berlin 1977, S. 115 ff.

[207] *Böckenförde* (Fn. 2), S. 91.

[208] Z. B. Art. 56 VI Hess. Verfassung i. V. m. dem Mitwirkungsgesetz, wobei man diese Rechte entgegen der Auffassung des HessStGH (NJW 1980, S. 2405) durchaus als Kollektivrechte ansehen kann. Nur hat dies nichts zu tun mit einem aus Art. 6 II 1 GG ableitbaren kollektiven Elternrecht.

[209] Dementsprechend heißt es in Art. 56 VI Hess. Verfassung: „Absatz 2 bis 5 bleiben unberührt."

lich landes*verfassungs*rechtliche Vorgaben bestehen können. Art. 6 verpflichtet ihn hierzu nicht; diese Norm wird durch landesrechtlich eingeräumte Mitwirkungsrechte auch nicht in ihrer Reichweite verändert. Kollektivrechte der Eltern erwachsen nicht in den Rang grundrechtlicher Befugnisse[210].

II. Die elterliche Wahrnehmung der Kindesgrundrechte (gegenüber dem Staate)

Eine Begrenzung des staatlichen Erziehungsauftrages ergibt sich also nicht aus einem Hineinwirken des elterlichen Erziehungsrechts i. e. S. in die Schule. Handelt der Staat gegen das in der Schule wirksame Gebot der Neutralität und Nichtidentifikation, so liegt darin ein *objektiver* Rechtsverstoß, nicht jedoch ein Verstoß gegen dieses, hier ja nicht präsente elterliche Erziehungsrecht.

Zu prüfen ist nun, ob sich aus der zweiten Komponente des Elternrechts, der Befugnis zur Wahrnehmung von Kindesgrundrechten, abweichende Folgerungen ergeben, etwa dergestalt, daß den Eltern daraus das Recht erwüchse, objektive Rechtsverstöße als Verstöße auch gegen *subjektive* elterliche Rechtspositionen zu rügen. Im Unterschied zum engeren Erziehungsrecht als einer kindgerichteten Bildungs- und Formungsbefugnis wurde die zweite Elternrechtskomponente oben beschrieben als die Befugnis, nach außen hin, insbesondere dem Staate gegenüber die (Grund)Rechte des Kindes wahrzunehmen[211]. Die Eltern haben dabei allerdings nicht nur das Recht[212], inhaltlich *vorgegebene* Kindesgrundrechte wahrzunehmen. Überall dort nämlich, wo ein objektivierbarer Grundrechtsinhalt nicht festzustellen ist[213], kommt den Eltern kraft ihres Einwirkungsrechts die Befugnis zu, die inhaltliche Bestimmung der grundrechtlichen Positionen des Kindes selbst erst vorzunehmen. Es handelt sich bei der zweiten Elternrechtskomponente also um eine durch Art. 6 II 1 vermittelte Zuständigkeit zur Wahrnehmung objektiv festliegender bzw. von den Eltern selbst erst inhaltlich definierter Kindesrechte; sie wird im folgenden kurz als *Wahrnehmungsbefug-*

---

[210] *Maunz / Dürig / Herzog / Scholz*, Rz. 45 zu Art. 7 GG charakterisieren sie zutreffend als partizipatorische Organisationsformen der staatlichen Schulverwaltung. Ihr Inhalt bemißt sich nach den im Rahmen der jeweiligen Landesverfassung erfolgenden Entscheidungen des parlamentarischen Gesetzgebers. Siehe auch BVerfGE 59, 360 (Brem. SchulVwG), S. 381.

[211] Soweit Grundrechtsmündigkeit eingetreten ist, entfällt diese elterliche Befugnis und wird nunmehr vom Schüler selbst wahrgenommen, womit dann freilich die Problematik: Elternrecht — schulisches Erziehungsrecht verlassen ist.

[212] Und die Pflicht: auch die Wahrnehmungsbefugnis ist Teil des Elternrechts und unterliegt damit dessen Pflichtbindung.

[213] Dazu oben A IV 7 a (bei Fn. 52).

II. Die elterliche Wahrnehmung der Kindesgrundrechte

nis (im Unterschied zur Einwirkungsbefugnis des Erziehungsrechts i. e. S.) bezeichnet.

Wie verhält sich nun dieser Aspekt des Elternrechts zum schulischen Erziehungsrecht?

(1) Zunächst gilt: Die Bedeutung dieser Komponente des Elternrechts entfällt nicht etwa dadurch, daß im Schulverhältnis die Kindesgrundrechte keine Rolle spielten. Ohne das Problem des *„besonderen Gewaltverhältnisses"* hier aufrollen zu müssen, läßt sich feststellen: Zwar mag die Stellung des Kindes als Grundrechtsträger im Sonderstatus innerhalb der Schule in einzelnen Beziehungen durch den Anstaltszweck und die Funktionsfähigkeit der Anstalt gemindert sein[214]; sie bleibt aber grundsätzlich erhalten.

(2) Soweit dies der Fall ist, besteht mit diesen Kindesgrundrechten zugleich das elterliche Recht zu ihrer Wahrnehmung. Art. 7 I enthält eine Sonderregelung nur für die positive erzieherische Einwirkung auf das Kind. Hinsichtlich der Wahrnehmung kindlicher Grundrechte werden die Eltern dagegen nicht aus ihrer Rechtsstellung verdrängt. Eine Beschränkung auf die Familie kann es hier nicht geben, da die Wahrnehmungsbefugnis schon begrifflich nach außen wirken und gegenüber jedem bestehen muß, der mit der (Grund)Rechtssphäre des Kindes in Berührung kommt[215]. Das bedeutet: Die Eltern können alle dem Kinde

---

[214] *Vgl. Hesse* (Fn. 100), § 10 III 2; BVerfGE 33, 1 ff. Auch soweit Zweck und Funktionsfähigkeit der Anstalt Grundrechtseinschränkungen rechtfertigen, führt dies niemals zu einer Erweiterung des schulischen Erziehungsmandats (insbesondere auf weltanschaulichem Gebiete). Hierfür gelten die sub B entwickelten objektivrechtlichen Grenzen. Es ist kein Gesichtspunkt ersichtlich, der es gestatten würde, weiterreichende staatliche Befugnisse und die ggf. damit verbundenen Grundrechtseingriffe als durch den Anstaltszweck bedingt zu betrachten (zutreffend *H. Lecheler*, Die totalitäre Staatsschule, BayVBl. 1981, S. 329, 332). Der Sonderstatus gestattet Einschränkungen daher nur, soweit dies die Erfüllung der schulischen Funktionen (Vermittlung von Wissen und Fertigkeiten; soziale und politische Integration auf der Grundlage der Verfassungsfundamentalnormen) erfordert. Diesen Beschränkungen unterliegt der grundrechtsmündige Schüler ebenso wie der grundrechtsunmündige; im letzteren Falle ist als Folge dieser Beschränkung auch der Umfang der Wahrnehmungsbefugnis der Eltern entsprechend verringert.

[215] Für solche Grundrechte, die sich nicht (wie etwa das Recht auf körperliche Unversehrtheit) inhaltlich objektivieren lassen, hinsichtlich deren die dem Kindeswohl entsprechende Entscheidung sich nicht objektiv bestimmen läßt, sondern deren Inhalt von den Eltern in einer subjektiven Entscheidung erst festgelegt werden muß, ergibt sich eine gesonderte Überlegung. Die inhaltliche Auffüllung des Kindesgrundrechts stellt sich dar als eine Betätigung des elterlichen *Einwirkungs*rechts. Da nach dem oben gesagten dieses Recht nicht in die Schule reicht, ließe sich argumentieren, hier könne nun doch das staatliche Erziehungsrecht zum Zuge kommen mit der Folge, daß der *Staat* innerhalb der Schule dieses inhaltliche Bestimmungsrecht gegenüber dem Kinde ausüben dürfte. Doch wäre diese Annahme verfehlt: Der Staat wäre nämlich rechtlich gar nicht in der Lage zur inhaltlichen Auffüllung der kindlichen Grundrechtsposition: ihm fehlt als weltanschaulich

zustehenden Grundrechte der Schule gegenüber geltend machen. Bei schulischen Maßnahmen, die in die Grundrechte des Kindes eingreifen, haben sie also die Möglichkeit, sich auf ihr Elternrecht aus Art. 6 zu berufen: In der Ausprägung als Wahrnehmungsbefugnis berechtigt diese Verfassungsnorm sie, abwehrend gegen die dem Kinde gegenüber erfolgende Grundrechtsverletzung vorzugehen.

Teilweise wird angenommen, die Eltern seien in solchen Fällen auch selbst in ihren Weltanschauungsrechten aus *Art.* 4 betroffen[216] und könnten unmittelbar aus dieser Vorschrift ein Abwehrrecht gegenüber der Schule herleiten. In dieser Richtung läßt sich jedoch das elterliche „Abwehrpotential" nicht erweitern:

(a) Zunächst wäre jedenfalls erforderlich, Art. 4 hier mit Art. 6 II 1 zu verknüpfen. Art. 4 allein gibt ja nicht das Recht, die eigene Weltanschauung für andere Personen verbindlich festzulegen. Gerade *dabei* fühlen sich die Eltern aber durch das hier zu beurteilende Verhalten der Schule behindert. Dieses Festlegungsrecht aber ergibt sich für die Eltern erst aus Art. 6 II 1. Nur im Verein mit dieser Vorschrift könnte Art. 4 also überhaupt eine Grundlage für Abwehrbefugnisse der Eltern liefern.

(b) Doch kommt auch eine solche Konstruktion elterlicher Abwehrrechte nicht zum Zuge. In der den Inhalt der Kindesgrundrechte bestimmenden Tätigkeit der Eltern liegt eine Ausübung des elterlichen Einwirkungsrechts, des in Art. 6 II 1 enthaltenen Rechts zur erzieherischen Einwirkung auf das Kind. Wie dargelegt, berechtigt aber *diese* Elternrechtskomponente gerade nicht zu einer Einflußnahme auf das schulische Geschehen. Hieran ändert sich nichts dadurch, daß man bei dieser Erziehungstätigkeit zugleich eine Betätigung der elterlichen Weltanschauungsfreiheit anzunehmen hat. Wie eben (sub a) gezeigt, handelt es sich nicht um eine „reguläre" Betätigung der Grundrechte aus Art. 4, da erst das elterliche Einwirkungsrecht aus Art. 6 II 1 eine Ausübung der Weltanschauungsfreiheit gerade in *dieser* Weise, d. h. mit der Möglichkeit, verbindliche weltanschauliche Festlegungen für Dritte zu treffen, gestattet.

Aus einem Verstoß der Schule gegen die bereits objektivrechtlich begründete Neutralitätspflicht können also im *Ergebnis* (nur) dank der Wahrnehmungskomponente des Elternrechts unmittelbare *subjektive* Abwehransprüche der Eltern selbst resultieren. Damit findet das staatliche Erziehungsmandat eine Grenze nicht nur am objektiven Prinzip der weltanschaulichen Neutralität in der aus dem Raume streitiger

---
neutralem Staat grundsätzlich der hierfür erforderliche „eigene" Wertefundus.
[216] So BVerfGE 41, 29 (Gemeinschaftsschule Ba-Wü), S. 48; vgl. auch E 52, 223 (Schulgebet), S. 226.

politischer Auseinandersetzung herausgenommenen staatlichen Schule, sondern auch an den subjektiven Grundrechten des Kindes, wie sie von den Eltern inhaltlich zu definieren und nach außen hin wahrzunehmen sind.

Die Wahrnehmungsbefugnis gibt den Eltern allerdings nur Abwehrrechte, gestattet als nur eine „negative" Einflußnahme auf die inhaltliche Unterrichtsgestaltung. In diesem Umfange aber wirkt das Elternrecht durchaus in das schulische Geschehen hinein. Die für die erste Komponente des Elternrechts, das Einwirkungsrecht *auf das Kind*, vorzunehmende Separation von familiärem und schulischem Bereich wiederholt sich bei der Wahrnehmungskomponente des Elternrechtes also nicht.

(3) Allerdings besteht auch diese *Negativbefugnis der Eltern nicht in unbeschränktem Umfange*. Nicht jeder Unterrichtsinhalt kann abgewehrt werden, wenn er den von den Eltern definierten Weltanschauungsgrundrechten des Kindes zuwiderläuft. Auch hier ist nämlich als gewichtige Ausnahme (neben der Schulorganisation und der Wissensvermittlung) die schulische Darbietung des Bestandes an unabänderbaren Verfassungsinhalten zu nennen. Solchen Unterrichtsinhalten gegenüber ist eine Berufung der Eltern auf von ihnen definierte Kindesgrundrechte nicht möglich. Die Schule ist eine *staatliche* Veranstaltung. Soweit die „Werthaftigkeit" des Staates reicht, ist es nicht möglich, sich innerhalb einer staatlichen Veranstaltung (anders im Privatbereich der Familie) auf „Staatsfreiheit" in weltanschaulicher Hinsicht zu berufen. Indem Art. 7 staatliche Einwirkung überhaupt gestattet, gestattet er notwendigerweise die Einwirkung im Sinne derjenigen Verfassungsfestlegungen, die der Staat des Grundgesetzes durch die Anordnung ihrer Unabänderbarkeit zu „Fundamenten" der staatlichen Ordnung erklärt hat[217].

(4) Damit erhält man das folgende *Zwischenergebnis* für das Verhältnis von Elternrecht und schulischem Erziehungsrecht[218]:

(a) Das elterliche Erziehungsrecht i. e. S. (Einwirkungsrecht) entfaltet keine Wirkungen in die Schule hinein, es begründet keine auf Art. 6 II 1 zu stützende grundrechtliche Position der Eltern in der Schule. Insofern,

---

[217] Im Ergebnis ebenso *Evers* (Fn. 2), S. 11/12, der freilich Schwierigkeiten hat, das nach seiner Auffassung in der Schule ja relevante elterliche Erziehungsrecht hier beiseitezuschieben: „weil diese Erziehungsaufgabe ihr Schwergewicht im staatlich-schulischen Bereich hat" und weil ein gegenteiliger Erziehungsplan der Eltern „schwerlich als schützwürdig dargetan" werden könne.

[218] Dabei wird sub (a) die Perspektive vom Elternrecht her, sub (b) von der Schule her gewählt.

C. Die Bedeutung des Elternrechts für die schulische Erziehung

aber auch nur insofern, besteht eine Separation zwischen familiärer und schulischer Erziehung.

Anders liegt es bei der Wahrnehmungsbefugnis als zweiter Elternrechtskomponente. Sie wirkt in die Schule hinein. Hier kommt es aber nur scheinbar zu einer Überschneidung von elterlichem und schulischem Erziehungsrecht. Soweit objektivrechtlich der staatliche Erziehungsauftrag reicht (Schulorganisation, Wissensvermittlung[219], Verfassungsessenz), liegt *rechtmäßige* Ausübung des staatlichen Erziehungsmandats vor; zu einer Aktivierung der elterlichen Wahrnehmungsbefugnis kann es hier nicht kommen. Nur bei Überschreiten der dem Staate gezogenen Grenzen, bei also bereits objektiv rechtswidrigem Handeln, kann zusätzlich eine unstatthafte Grundrechtsbeeinträchtigung vorliegen und können damit auch subjektive Abwehrrechte der Eltern ausgelöst werden. Die betreffende staatliche Maßnahme ist schlicht rechtswidrig, aus objektivrechtlichen und subjektivrechtlichen Gründen; einer Abwägung oder Abgleichung mit allen negativen Folgen für die Vorhersehbarkeit des Ergebnisses bedarf es also nicht.

(b) Der Staat ist (neben der Schulorganisation[220] und der Wissensvermittlung) frei bei der „werbenden" Darbietung der unabänderbaren

---

[219] Es ließen sich — wenig wahrscheinlich — Eltern denken, die aus weltanschaulichen Gründen ein „Unwissendhalten", ein Analphabetentum ihrer Kinder befürworteten. Sie hätten keine rechtliche Handhabe gegen die gegenteiligen Bemühungen der Schule (wobei von der Möglichkeit, hier wegen Erziehungsverweigerung nach Art. 6 II 2 vorzugehen, abgesehen werden soll), weil insoweit von einem objektivierbaren Kindeswohl auszugehen ist. Aus der Existenz staatlicher Schule und dem kulturstaatlichen Gepräge des im Grundgesetz verfaßten Gemeinwesens ergibt sich, daß in dieser Rechtsordnung der Erwerb jedenfalls von Basiswissen als im objektiven Interesse eines jeden heranwachsenden Bürgers liegend anzusehen ist.

[220] Für die Schulorganisation spielt daher das Elternrecht grundsätzlich keine Rolle (vgl. die Nachweise in Fn. 83 und 86). Dies gilt auch für die elterliche Wahrnehmungsbefugnis. Man braucht zur Veranschaulichung nur an die Einrichtung der Schulpflicht selbst zu denken, die eben durch ihre verfassungsrechtliche Absicherung in Art. 7 von vorneherein rechtmäßig ist und gegen die auch nicht Grundrechte des Kindes geltend gemacht werden können. Es gibt hier also keine „Direktionskraft" des Elternrechts (dazu schon o. S. 56); die Grenzen der staatlichen Kompetenz sind rein objektivrechtlicher Art.

Dennoch sind Fälle denkbar, in denen die Entscheidung einer organisatorischen Frage in Konflikt mit dem Elternrecht geraten kann. Als Beispiel sei das Problem der *Ganztagsschule* herausgegriffen: Das staatliche Organisationsrecht umfaßt auch die Festlegung des zeitlichen Umfanges des Unterrichts. Dennoch ist eine beliebige Ausweitung der Unterrichtsdauer gegen den Elternwillen nicht möglich. Art. 7 enthält für die Erziehung des Kindes eine Sonderregelung, die staatliche Erziehung nicht *an die Stelle* der familiären Erziehung treten lassen, sondern diese nur ergänzen will. Dem Recht der Eltern auf familiäre Erziehung muß in ausreichendem Maße die zeitliche Möglichkeit hierzu entsprechen. Ist sie nicht mehr gewährleistet, so liegt eine nicht eigentlich inhaltliche, sondern formale Überschreitung der Grenzen des staatlichen Schulmandats vor, die das Zusammenspiel von Art. 6 und 7 auf-

Verfassungssubstanz. Hier ist entgegenstehender Elternwille schlechthin unbeachtlich. Das Elternrecht wirkt sich in keiner seiner Komponenten aus. Überschreitet der Staat die objektivrechtlichen Grenzen seines Schulauftrages, so liegt darin zunächst ein objektiver Rechtsverstoß. Das elterliche *Einwirkungs*recht wird dadurch nicht verletzt, da es in die Schule nicht hineinreicht, wohl aber möglicherweise Kindesgrundrechte, deren Inhalt von den Eltern festgelegt ist und die sie nach außen hin wahrzunehmen haben. Aus einem Verstoß gegen diese Wahrnehmungskomponente des Elternrechts resultieren also unmittelbare Abwehransprüche der Eltern selbst. Der gelegentlich anzutreffenden Konstruktion eines „Grundrechts der Eltern auf tolerante Schule"[221] bedarf es daher nicht.

III. Weltanschauliche Schulausrichtung auf Wunsch der Eltern?

Die Thematik: Elternrecht — Schulisches Erziehungsrecht enthält ein weiteres Problem. Bisher galt unser Augenmerk dem aus objektivrechtlichen Normen zu erschließenden Umfang des staatlichen Schulauftrages und dem Recht des Staates, dieses Mandat notfalls auch gegen den Elternwillen zu realisieren. Nunmehr interessiert (in Umkehrung der Perspektive): Inwieweit darf oder muß der Staat dort, wo er von sich aus nach den bisherigen Erkenntnissen *nicht* weltanschaulich tätig werden dürfte, dies auf Wunsch der Eltern tun? Mit anderen Worten: Welche Auswirkungen haben elterliche Wünsche und Wertvorstellungen auf die Ausgestaltung des Unterrichts außerhalb der unabänderbaren Verfassungssubstanz?

(1) Daß eine solche weiterreichende weltanschauliche Unterrichtsgestaltung überhaupt zulässig ist, zeigen Art. 7 III 1 und V, die vom

---

hebt und dabei auch subjektive Rechte der Eltern berührt: verletzt wird eine *dritte Komponente* des Elternrechts, die darauf gerichtet ist, daß Erziehung überhaupt stattfinden könne (Recht *auf* Erziehung). Dieses Ergebnis wird bestätigt durch die Familienschutzklausel des Art. 6 I, die eine ganztägige zwangsweise „Kontaktsperre" für Eltern und Kinder verbietet. Die Bedenklichkeitsgrenze liegt also sicherlich dort, wo die außerhalb des Elternhauses erfolgende schulische Inanspruchnahme den Zeitraum übersteigt, in dem das Kind der Familie (nicht nur schlafend!) zur Verfügung steht. Wie hier *Ossenbühl* (Fn. 2), S. 138 m. Nachw.
[221] Vgl. *G. Eiselt*, Zur Sicherung des Rechts auf eine ideologische tolerante Schule, DÖV 1978, S. 866 ff.; *Th. Oppermann*, Zum Grundrecht auf eine tolerante Schule, RdJB 1977, S. 44 ff.; *Maunz / Dürig / Herzog / Scholz*, Rz. 21 m zu Art. 7 GG m. w. Nachw.; kritisch *U. K. Preuß* (Fn. 172). — Im übrigen darf Neutralität (als eine staatliche „Abstinenz" von wertender Stellungnahme) nicht mit Toleranz (als einer Duldung auch anderer als der staatlichen Wertauffassungen) verwechselt oder vermengt werden. Zutreffend *Evers* (Fn. 2), S. 98, insbes. Fn. 151).

möglichen Bestehen auch anderer als bekenntnisfreier staatlicher Schulen ausgehen.

Es wird damit Art. 7 V Spezialität gegenüber Art. 4 und damit dem Neutralitätsprinzip zugebilligt[222]. Nicht akzeptabel wäre es nämlich, der Erwähnung der Antragsschularten in Art. 7 V die normative Bedeutung abzusprechen[223]. Wenn Art. 7 V Schulen der genannten Art als öffentliche Schulen erwähnt, dann ergibt sich daraus die rechtliche Möglichkeit ihrer Einrichtung selbst dann, wenn diese Erwähnung primär der Formulierung von Zulassungsvoraussetzungen für private Volksschulen dient. Allerdings geht die Spezialität des Art. 7 V nicht so weit, daß sie dem Staate gestattete, *von sich aus* den Bürgern weltanschaulich ausgerichtete Schulen zu oktroyieren, also frei über die verbindliche Schulform zu entscheiden. Statthaft ist es nur, auf den Wunsch Erziehungsberechtigter hin, ihnen (d. h. den beantragenden Erziehungsberechtigten) eine solche Schule zur Verfügung zu stellen[224], wobei dem freiwilligen Besuch einer solchen Schule auch durch andere Schüler dann natürlich nichts im Wege steht. Weltanschaulich orientierte Schulen sind demnach grundsätzlich zulässig, auch die „Verbreitung von Heilslehren"[225] in einer staatlichen Schule ist also nicht schlechthin ausgeschlossen[226]. Zur Erreichung dieses Ergebnisses bedarf es keiner Charakterisierung der Schule als eines nicht staatlichen, sondern sozialen Gebildes, für das die Trennung von Staat und Religions- bzw. Weltanschauungsgemeinschaften keine Geltung besitze[227].

Da dem Staate eine „eigene" Weltanschauung aber gerade fehlt, kann er offenkundig diese Befugnis „aus sich heraus" nur betätigen, wenn es um die Einrichtung einer weltanschauungs*freien* Schule geht. In allen übrigen Fällen aber braucht der Staat einen „Auftrag", kraft dessen er die Einrichtung einer Weltanschauungsschule vollziehen kann. Der Idealfall wäre der einer völligen Übereinstimmung aller Eltern. Damit wäre die notwendige Basis für eine weltanschauliche Schulorientierung geschaffen, der Staat also insoweit „handlungsfähig" gemacht[228].

---

[222] Vgl. dazu schon *M. Heckel*, DÖV 1953, S. 593 ff.
[223] So aber *Fischer* (Fn. 13), S. 277.
[224] Dazu sogleich näher (C III 2).
[225] Seien es religiöse Lehren oder „sattsam bekannte Gesellschaftstheoreme" (*Oppermann* (Fn. 221), S. 46), freilich stets nur im Rahmen der Verfassungsfundamentalnormen; vgl. aber *Erichsen* (Fn. 2), S. 26.
[226] So aber *Erichsen* (Fn. 2), S. 26. (Sie wird im übrigen auch schon durch Art. 7 III ermöglicht.)
[227] *Podlech* (Fn. 2), S. 92.
[228] Ob er daraufhin nur handeln *dürfe* oder auch *müsse*, wird noch zu klären sein (C III 3).

III. Weltanschauliche Schulausrichtung auf Wunsch der Eltern?

In der Regel wird es an dieser Einheitlichkeit des Elternwillens fehlen, oder aber es bestehen schulorganisatorische Hindernisse bei der Erfüllung des Elternwillens, Wie ist in diesen Fällen zu verfahren?

Trotz der notwendigen „Außenanknüpfung" bei der staatlichen Entscheidung kann die Lösung nicht darin liegen, daß der Staat mehrheitliche (und seien es auch qualifiziert mehrheitliche) Elternwünsche einfach zu vollziehen hätte.

(2) Für eine *Lösung* scheinen vielmehr drei Punkte bedeutsam zu sein:

(a) Erste Voraussetzung für die Errichtung einer weltanschaulich orientierten Schule muß das Bestehen eines „hinreichend bedeutsam artikulierten"[229] *Elternwunsches* sein.

(b) Weiterhin muß sich die Realisierung des Elternwunsches mit den *schulorganisatorischen* Erfordernissen vereinbaren lassen. Gegebenenfalls müssen also Elternwünsche hinter organisatorischen Erfordernissen zurückstehen.

Probleme ergeben sich in dieser Hinsicht z. B. dann, wenn die Elternwünsche sich nicht anschließen an eine verhältnismäßig geringe Zahl „gängiger" Weltanschauungen, d. h. inhaltlich umschriebener Anschauungskomplexe eines gewissen Bekanntheits- und Verbreitungsgrades. Außerhalb dessen wird es nämlich schon organisatorisch (Zersplitterung der Klassen, Zurverfügungstellung geeigneter Lehrkräfte) sehr schwierig sein, weltanschauliche Elternwünsche bei der Unterrichtsgestaltung zu berücksichtigen[230].

Aber auch im Rahmen der „gängigen" Weltanschauungen können organisatorische Schwierigkeiten auftreten. So wird in der Regel die Schaffung einer eigenen Schule für einige wenige anderskonfessionelle Schüler nicht in Betracht kommen können. Dies bedeutet allerdings noch nicht, daß diese Minderheit in einem von den Vorstellungen der Mehrheitskonfession geprägten Unterrichte auszuharren hätte. Darin liegt dann aber nicht mehr eine *organisatorische* Frage, sondern das Problem des Grundrechtsschutzes der Minderheit (dazu sogleich).

Eltern haben sich also jedenfalls mit dem *Fehlen* einer bestimmten weltanschaulichen Ausrichtung im Unterricht abzufinden, wenn dieses Fehlen schulorganisatorisch bedingt ist.

(c) Es darf ferner durch die weltanschauliche Ausrichtung des Unterrichts nicht zu *Grundrechtsverletzungen* kommen. Weltanschauungsunterricht kann nicht schon deshalb für zulässig gehalten werden, weil

---
[229] *Oppermann* (Fn. 2), S. 103.
[230] Vgl. *G. Püttner*, Toleranz und Lehrpläne für Schulen, DÖV 1974, S. 656 (658, r. Sp.).

ihn eine Mehrheit fordert. Grundrechtsschutz besteht als Minderheitenschutz unabhängig von der Mehrheitslage. Wenn eine weltanschauliche Orientierung die Grundrechte auch nur einzelner Schüler beeinträchtigen würde, müssen daher[231] die Unterrichtsinhalte zurückgeführt werden auf einen von allen Betroffenen akzeptierbaren gemeinsamen Nenner[232], wie ihn etwa bei mehreren christlichen Konfessionen die christliche Gemeinschaftsschule darstellen würde. Dieses „Zurückstufens" bedarf es allerdings nicht, wenn die strittigen weltanschaulichen Inhalte sich ohne Nachteile für die Sachausbildung vom übrigen Unterrichtsgeschehen ablösen lassen. Dann kann, organisatorische Realisierbarkeit vorausgesetzt, Freiwilligkeit der Teilnahme eingeführt und es können damit Grundrechtsverletzungen vermieden werden. Ein anschauliches Beispiel böte etwa ein schulisch veranstaltetes Gebet zum Unterrichtsbeginn auf freiwilliger Grundlage.

Gegenüber dieser Auffassung vom Grundrechtsschutz in der Schule werden *Einwände* erhoben, auch hier wieder vornehmlich im Hinblick auf spezifisch religiöse Bezüge des Unterrichts, gleichermaßen bedeutsam aber für die Problematik sonstiger weltanschaulich-politisch-moralischer Unterrichtsinhalte: Die Betonung der „negativen" Weltanschauungsfreiheit weniger Personen führe zu einer *„Diktatur der Minderheit"*, zur „Toleranz der Negation", zur „laizistischen Freiheit der Ausgrenzung des Religiösen aus dem Recht"[233].

Dies ist in mehrfacher Hinsicht unzutreffend:

— Soweit lediglich vor der Gefahr eines „totalen" staatlichen *Indifferentismus* gewarnt werden soll, kann nach oben verwiesen werden, wo deutlich geworden ist, daß die Bindung des Staates an die Verfassungskernaussagen derartige Befürchtungen gegenstandslos macht[234].

— Es wurde auch bereits dargelegt[234], daß ein Verzicht des Staates auf die wertende Behandlung weltanschaulicher Fragen im Unterricht nicht gleichbedeutend ist mit einem „missionarischen" Eintreten für die Eliminierung dieser Fragen aus dem Erziehungsprozeß schlechthin. Diese Probleme werden lediglich den für die weltanschauliche Erziehung jenseits der „Verfassungsessenz" allein zuständigen Eltern überlassen. Die Schule äußert sich in diesem Bereiche *nicht;* sie nimmt weder für

---

[231] Da eine Offenheit der Schule für die werbende Tätigkeit der verschiedensten Weltanschauungen praktisch nicht realisierbar ist und dem „unpolitischen" Charakter der Schule widerspräche, s. o. C I 7 (bei Fn. 188) und B II 3 c (nach Fn. 110).

[232] Dazu *Ossenbühl* (Fn. 2), S. 113, 115, 119 f.

[233] Vgl. dazu M. *Heckel*, VVDStRL 26, S. 13 f., 24, 29, 125; *Hollerbach*, ebd., S. 98; *Scheuner*, ebd., S. 131; siehe auch schon o. B II 3 c (bei Fn. 116).

[234] Siehe o. B II 3 c (nach Fn. 116).

III. Weltanschauliche Schulausrichtung auf Wunsch der Eltern?

noch gegen eine bestimmte Auffassung Stellung. Zurückzuweisen ist daher auch hier, im Rahmen der *grundrechtlichen* Erörterung der Problematik, der Versuch, das Nicht-Stattfinden einer bestimmten weltanschaulichen Stellungnahme im Unterricht gleichzusetzen mit einer ablehnenden und feindseligen Stellungnahme gegenüber der betreffenden weltanschaulichen Position oder mit einer Stellungnahme des Inhalts, es bedürfe bezüglich der betreffenden Frage keiner erzieherischen Betätigung[235]. Mit dieser Gleichsetzung könnte jede weltanschauliche Richtung (sei sie buddhistisch oder anthroposophisch, psychoanalytisch oder chiliastisch) die bloße Nicht-Propagierung ihrer Positionen im Unterricht als eine unstatthafte staatliche „Gegenwerbung" rügen. Ein weltanschaulich neutraler Unterricht erzieht *zu* keiner bestimmten Weltanschauung, er erzieht aber auch nicht *gegen* bestimmte Weltanschauungen und auch nicht zur Weltanschauungs- oder Bekenntnislosigkeit[236].

— Der Grundmangel des genannten Einwandes liegt allerdings in dem Versuch, hier eine *positive Weltanschauungsfreiheit* der Mehrheit gegen eine negative Weltanschauungsfreiheit der Minderheit auszuspielen[237]: Die negative Freiheit der Minderheit müsse abgewogen werden gegen die positive Freiheit der Mehrheit, wobei dann jede Seite, die der Mehrheit tendenziell in geringerem Maße, Abstriche zu machen hätte. Damit ist ein gänzlich verfehlter Ansatzpunkt zur Lösung der Problematik gewählt: Eine Abwägung der genannten Art könnte überhaupt nur dann in Betracht kommen, wenn sich ein Teil der Schüler *von sich aus*, also ohne die Initiative und die Leitung durch die Schule, weltanschaulich-religiös positiv zu artikulieren gedächte und andere Schüler/Eltern hieran Anstoß nehmen wollten. Hier läßt sich zugunsten der „Bekennenden" in der Tat damit argumentieren, Weltanschauungs- und Religionsfreiheit (und selbstverständlich auch Meinungsfreiheit) müßten auch in der Öffentlichkeit aktualisiert werden dürfen[238]. Zu dieser Öfentlichkeit gehört, aus der Perspektive des Schülers, auch die staatliche Schule. Sie darf seiner grundrechtlichen Betätigung nur solche Grenzen setzen, wie Zweck und Funktionsfähigkeit der Anstalt[239] sie

---

[235] Dies schon deshalb nicht, weil ja die vorhandenen unterschiedlichen Bewertungen ohne weiteres als Fakten in den Unterricht eingeführt werden können, siehe o. B II 3 f.
[236] Vgl. *W. Keim*, Schule und Religion, 2. Aufl., Hamburg 1969, S. 158.
[237] Vgl. die Nachweise bei *F. Müller* (Fn. 119), S. 67 Fn. 8. Siehe auch — für das Schulgebet — *H. Scholtissek*, Die Religionsfreiheit in der Verfassungsrechtsprechung, in: Essener Gespräche zum Thema Staat und Kirche, Bd. 3, Münster 1969, S. 96 (102 f.); *Evers* (Fn. 2), S. 75 ff., 161; *Maunz / Zippelius* (Fn. 100), S. 179; *Ossenbühl* (Fn. 2), S. 149.
[238] *v. Campenhausen*, BayVBl. 1968, S. 221 (224).
[239] Bzw. im Hinblick auf die Meinungsfreiheit die „allgemeinen Gesetze" i. S. d. Art. 5 II.

erfordern. Ansonsten genießt jeder Schüler uneingeschränkt die Freiheitsrechte des Grundgesetzes. Er kann in dem genannten Rahmen allein oder mit anderen religiöse Handlungen vornehmen, weltanschauliche und religiöse Bekenntnisse ablegen oder politische Meinungen äußern. Dabei bedarf es keiner Abwägung mit den entsprechenden Freiheitsrechten von Mitschülern, die in keiner rechtlich relevaten Weise davon berührt werden, daß andere Schüler ihre geistigen Freiheitsrechte ausüben. Sie werden genausowenig davon berührt wie die („negative") Glaubensfreiheit eines Nichtgläubigen durch die von Gläubigen in der Öffentlichkeit abgehaltenen Gottesdienste, Prozessionen etc. oder die Meinungsfreiheit des einen Bürgers durch die Meinungsäußerung anderer Bürger.

Die Lage stellt sich völlig anders dar, wenn nicht mehr die von *Schülern* ausgehenden Grundrechtsbetätigungen innerhalb der Schule in Rede stehen, sondern *schulische* Aktivitäten von weltanschaulicher Relevanz, handele es sich um verbale weltanschauliche Werbung oder um schulisch initiierte oder geleitete religiös-weltanschaulich-politische Handlungen. Hier ist nicht mehr das Verhältnis von unterschiedlich orientierten Grundrechtsträgern untereinander und der Freiraum dieser Grundrechtsträger im „besonderen Gewaltverhältnis" angesprochen. Statt dessen stellt sich die Frage, ob die Schule in ihrer Eigenschaft als *staatliche* Institution zu derartigen Maßnahmen gegen den Willen einzelner Betroffener berechtigt sei. Die Antwort kann mit Blick auf die Schutz- und Abwehrfunktion der Grundrechte nur verneinend sein. Im grundrechtlich geschützten Interesse der Andersdenkenden hat eine erzieherische Einwirkung nach von ihnen abgelehnten weltanschaulichen Grundsätzen zu unterbleiben, nicht weil der Staat eine bestimmte Weltanschauung unterstützen oder ablehnen sollte, sondern weil ihm der Eingriff in diesen Bereich im Grundgesetz schlechthin untersagt ist.

Eine „positive" Freiheit der mit den beabsichtigten weltanschaulichen Unterrichtsinhalten konformen Schüler/Eltern wird dabei nicht beeinträchtigt. Die Nichtvornahme eines weltanschaulich orientierten Verhaltens durch die staatliche Schule ist überhaupt nicht imstande, jemandes weltanschauliche Freiheitsrechte zu verletzen, da diese Rechte niemandem einen Anspruch auf derartige staatliche „Leistungen" geben[240]. Eine positive Weltanschauungsfreiheit dieses Inhalts existiert also gar nicht.

Von positiver und negativer Freiheit läßt sich gewiß in sinnvoller Weise sprechen: positives Freiheitsrecht als Recht zum aktiven Gebrauchmachen, negatives (aber deshalb nicht minderrangiges) Freiheits-

---

[240] *Podlech* (Fn. 2), S. 181.

III. Weltanschauliche Schulausrichtung auf Wunsch der Eltern?

recht als Recht, sich einer bestimmten weltanschaulichen Betätigung zu enthalten[241]; oder auch: positives Freiheitsrecht als Recht zu beliebiger Lebensgestaltung, negatives Freiheitsrecht als Recht zur Abwehr staatlicher Eingriffe in diesen Bereich. Die Deutung positiver Weltanschauungsfreiheit als Recht auf staatliche weltanschauliche Werbung kann demgegenüber nur auf einem Mißverständnis beruhen: Man gleitet von der ganz im Status negativus angesiedelten Freiheit, ein Grundrecht positiv oder negativ zu betätigen, in den auf staatliche „Leistung" gerichteten Status positivus hinüber[242].

Der schulische Rückzug aus dem weltanschaulichen Bereich läßt das Recht der Eltern völlig unbeeinträchtigt, außerhalb der staatlichen Einrichtung Schule jede von ihnen für richtig gehaltene weltanschauliche Einwirkung auf ihr Kind vorzunehmen oder vornehmen zu lassen; und auch innerhalb der Schule ist Raum zur Betätigung der weltanschaulichen Freiheitsrechte im Rahmen der anstaltlichen Erfordernisse, jedoch ohne schulische Initiative und Leitung. Der Anspruch einer jeden Weltanschauung auf Aktualisierung auch in der Öffentlichkeit bleibt demnach unbestritten. Klarzustellen war lediglich der entscheidende Unterschied zwischen *Bürger*aktivitäten im öffentlichen Raume und hoheitlich initiierter, der Freiwilligkeit der Teilnahme entbehrender Einwirkung auf die Grundrechtssphäre von Bürgern.

Die Behauptung von der „Diktatur der Minderheit"[243] als Folge staatlicher Enthaltsamkeit in weltanschaulichen Fragen erweist sich demnach als unzutreffend. Es geht ersichtlich gar nicht um ein „Diktat" von Bürgern gegenüber anderen Bürgern, auch nicht auf dem Umwege über den Staat. Zu entscheiden ist nur, ob ein Bürger die Propagierung religiös-weltanschaulicher Inhalte in der staatlichen Schule hinzunehmen habe. Für die Lösung kann nicht auf ein Recht der Mehrheit auf bevorzugte Berücksichtigung ihrer Vorstellungen zurückgegriffen werden. Vielmehr wirkt hier in vollem Umfange die minderheitsschützende Funktion der Grundrechte. Diese zentrale Funktion kann schon aus logischen Gründen nicht dadurch beiseite geschoben werden, daß man auf die Eigenschaft der Betroffenen als („bloße") Minderheit verweist[244].

---

[241] Vgl. hierzu etwa die positive und negative Koalitionsfreiheit i. S. d. Art. 9 III oder den Fall der Nichtoffenbarung eines weltanschaulichen Bekenntnisses.

[242] *Fischer* (Fn. 13), S. 53 f. Ganz i. S. d. hier vertretenen Ansatzes die liberale, ausgrenzende Funktion der Freiheitsrechte betonend: *Böckenförde* (Diskussionsbeitrag), VVDStRL 26, S. 123; vgl. auch *Ekk. Stein*, ebd., S. 130.

[243] *Hollerbach*, Die Kirchen unter dem Grundgesetz, VVDStRL 26, S. 57 (98).

[244] Vgl. aber *Hollerbach* (Fn. 243), der von der „kleinen bekenntnislosen Minderheit" spricht, um deren Schutz es nicht primär gehen dürfe; vgl. demgegenüber *v. Münch* (Diskussionsbeitrag) VVDStRL 26, S. 117; *Quaritsch* (Diskussionsbeitrag) ebd., S. 111 f.

74   C. Die Bedeutung des Elternrechts für die schulische Erziehung

Während die Realisierung des Minderheitenschutzes in unserem Falle die Möglichkeit der Mehrheit zur Grundrechtsausübung nicht schmälert und niemandes Kind zwingt, sich fremdweltanschaulicher Einwirkung zu unterziehen, würde seine Preisgabe gerade den zuletzt genannten Zwang begründen, ein Zustand, der dann mit mehr Recht als „Diktatur" (der Mehrheit) gekennzeichnet werden könnte[245].

Dieses Ergebnis hat Bestand übrigens auch gegenüber der Freiheit der Religionsgesellschaften und Weltanschauungsgemeinschaften selbst[246], die ganz entsprechend wie beim einzelnen Bürger vor staatlichen Eingriffen schützt, nicht aber die Befugnis eröffnet, über das in Art. 7 III speziell normierte Maß hinaus mit eigenen weltanschaulichen Vorstellungen in der staatlichen Schule zum Zuge zu kommen. Die Gegenauffassung müßte im übrigen auch zu Rückwirkungen auf die Stellung der Religionsgesellschaften und Weltanschauungsgemeinschaften führen. Man kann nicht deren Staatsfreiheit und Unabhängigkeit betonen, also die Unzuständigkeit des Staates auf dem von ihnen verwalteten Gebiete geltend machen, gleichzeitig aber mittels der Wendung zur „positiven" Weltanschauungsfreiheit (die in Wahrheit gar keine Freiheit, sondern ein Recht auf positive staatliche Mitwirkung meint), den Staat zu bestimmten weltanschaulichen Aktivitäten verpflichten wollen[247].

Verfehlt muß aus der so gewonnenen Sicht (um nur ein Beispiel zu geben) die Entscheidung des Bundesverfassungsgerichts zur „Christlichen Gemeinschaftsschule Baden-Württemberg"[248] erscheinen, sofern dieser Schulform auch Nichtchristen unterworfen werden. Es ist nämlich nicht möglich, eine Schule christlich und doch auch wieder nicht „allzu" christlich zu machen. Natürlich kann man, wie vom Gericht gefordert, unter Ausklammerung der Frage nach der Glaubenswahrheit und also des „missionarischen" Charakters der Schule, im Unterricht vom Christentum als einem bloßen historischen Faktum, einem europäischen Kulturfaktor berichten. Eine Schule dieses Zuschnitts läßt sich dann aber allenfalls als „bildungsmäßig", nicht mehr aber — und darauf müßte es aus der Sicht der christlichen Religionsgemeinschaften ankommen — guten Gewissens als bekenntnismäßig „christlich" bezeichnen[249]. Die Entscheidung zeigt im übrigen die Gefahren der Kooperations-, Harmonisierungs- und Konkordanzformeln, mit deren Hilfe auch Einzel-

---

[245] Vgl. dazu das Zitat bei *Welzel* (Fn. 13), S. 251, Fn. 27: „Wenn wir in der Minderheit sind, fordern wir Freiheit nach euren Grundsätzen; wenn wir in der Mehrheit sind, verweigern wir sie euch nach den unseren."

[246] Anders *Hollerbach* (Fn. 243), S. 26, 90 f.

[247] *Pirson* (Diskussionsbeitrag) VVDStRL 26, S. 132 f.

[248] BVerfGE 41, 29 (zustimmend z. B. *Evers* (Fn. 2), S. 77); noch weitergehend die insoweit mittlerweile überholte Entscheidung E 6, 339 (zur Kritik vgl. die Nachw. bei *Fischer* (Fn. 13), S. 274 f.).

[249] Zu dieser Abstufung vgl. *Podlech* (Fn. 2), S. 94.

III. Weltanschauliche Schulausrichtung auf Wunsch der Eltern?

grundrechte kurzerhand beschnitten werden können. Auch der Rückgriff auf das Toleranzgebot macht die Entscheidung nicht plausibel. Die Toleranz kann niemals gebieten, sich einem, von einer abgelehnten Weltanschauung geprägten Unterricht zu unterziehen. Das Grundgesetz verlangt von dem, der seine und die Weltanschauung seiner Kinder bildet, über die „Verfassungsessenz" hinaus gerade keine Toleranz in dem Sinne, daß er sich auch fremdanschaulicher Einwirkung auszusetzen hätte.

Punkt (c) läßt sich also kurz dahin zusammenfassen: Soweit weltanschauliche Unterrichtsinhalte vom sonstigen Unterrichtsgeschehen nicht abgelöst werden können, sind sie zulässig nur, sofern sie gemeinsamer Bestandteil der Weltanschauung aller Schüler (Eltern) sind[250].

(3) Offen ist noch die Frage, ob der Staat beim Vorliegen der genannten Voraussetzungen[251] lediglich *berechtigt* oder auch *verpflichtet* sei, dem Elternwunsche zu entsprechen.

Letzteres ist, im Ergebnis in Übereinstimmung mit dem Bundesverfassungsgericht[252], zu verneinen:

— Da das elterliche Erziehungsrecht i. e. S. nicht in die Schule hineinwirkt und ein „kollektives" Elternrecht nicht besteht, läßt sich aus ihm ein Anspruch der Eltern nicht herleiten.

— Auch die elterliche Wahrnehmungsbefugnis ändert hieran nichts, da das bloße Unterlassen einer bestimmten weltanschaulichen Ausrichtung der Schule die Weltanschauungsfreiheit nicht verletzt[253].

— Gegen eine Verpflichtung spricht auch Art. 7 V, der ja davon ausgeht, daß trotz des Wunsches von Erziehungsberechtigten eine weltanschaulich ausgerichtete (Volks)Schule nicht errichtet zu werden braucht. Art. 7 III 1, der für fast alle Bundesländer den Religionsunterricht als ordentliches Lehrfach in den nicht bekenntnisfreien Schulen einrichtet, widerspricht dem nicht. Diese Vorschrift garantiert nicht die

---

[250] Nur insoweit gilt also die Regel, schulische Erziehung müsse „in größtmöglichem Maße dem Willen der größtmöglichen Zahl der Eltern" entsprechen (so *Ossenbühl*, DÖV 1977, S. 801, 808), nicht aber für den Bereich des genuin schulischen Erziehungsmandats.

[251] *Entweder:* es besteht ein einheitlicher Elternwunsch; dann ist, seine organisatorische Realisierbarkeit vorausgesetzt, zu entscheiden, ob ihm entsprochen wird oder nicht. *Oder:* Uneinheitlichkeit der elterlichen Vorstellungen und organisatorische Abtrennbarkeit des umstrittenen Unterrichtsbestandteils; hier ist zu entscheiden, ob die Abtrennung vorgenommen oder der Unterricht insgesamt auf den allgemein akzeptierbaren „Sockel" zurückgenommen werden solle.

[252] BVerfGE 41, 29 (Gemeinschaftsschule Ba-Wü), S. 45 f.

[253] Vgl. *Podlech* (Fn. 2), S. 181 sowie die obigen Ausführungen zur positiven und negativen Religions- und Weltanschauungsfreiheit (C III 2 c, nach Fn. 237).

C. Die Bedeutung des Elternrechts für die schulische Erziehung

Existenz von Weltanschauungsschulen. Sie legt nur fest, daß dort, wo eine Entscheidung zugunsten solcher Schulen gefallen ist, der Religionsunterricht den Rang eines ordentlichen Lehrfaches hat[254].

— Schließlich darf auf die klare Entscheidung des Parlamentarischen Rates zu dieser Frage verwiesen werden und auf die bereits erwähnte Erklärung der dort unterlegenen Parteien[255], wo es heißt: „Unser Antrag, wonach der Staat bei der religiös-weltanschaulichen Gestaltung des Schulwesens dem Elternwillen Rechnung zu tragen hat, ist von der Mehrheit des Parlamentarischen Rates wiederholt abgelehnt worden."

Die Entscheidung über den Elternwunsch erweist sich somit als eine *politische* und politisch zu verantwortende Entscheidung der zuständigen staatlichen Instanzen. Zur Vorbeugung von Mißverständnissen: Das damit eröffnete politische Ermessen geht immer nur dahin, dem Elternwunsche nach weltanschaulicher Ausrichtung zu entsprechen oder nicht zu entsprechen. Dies bedeutet natürlich nicht, daß der Staat seinerseits irgendeine von den Eltern abgelehnte Weltanschauung zum Unterrichtsinhalte machen dürfte. Dagegen steht bereits das zur inhaltlichen Begrenzung des staatlichen Erziehungsauftrages gesagte. Die genannte politische Entscheidung erstreckt sich also nur darauf, daß von Staats wegen auch *gegen* den Elternwunsch auf die positive Ausrichtung des Unterrichts an einer bestimmten Weltanschauung verzichtet werden kann.

---

[254] Ebenso *Fischer* (Fn. 13), S. 263/64. Im übrigen ließen sich aus Art. 7 III 1 keine *subjektiven* Rechte ableiten, vgl. *v. Mangoldt / Klein*, Anm. V 1 zu Art. 7 GG; *Peters* (Fn. 2), S. 413.

[255] Vom 8. 2. 1949 (3. Lesung in der 47. Sitzung des Hauptausschusses), vgl. Jb. d. öff. R., NF Bd. 1, S. 110.

D. Zwei praktische Beispiele

Abschließend seien die Folgen der hier entwickelten Systematik an zwei vielumstrittenen Beispielen kurz demonstriert, am Schulgebet und dem Sexualkundeunterricht. Von einer Auseinandersetzung mit den hierzu ergangenen und oben bereits mehrfach herangezogenen Entscheidungen des Bundesverfassungsgerichts kann für diese Zwecke abgesehen werden.

I. Das Schulgebet[256]

Das auf die Glaubensinhalte einer bestimmten Religionsgemeinschaft bezogene Schulgebet als schulische Veranstaltung liegt außerhalb der objektivrechtlichen Grenzen des staatlichen Schulmandats, da es weder der Wissensvermittlung noch der Darbietung des unabänderbaren Verfassungskernbestandes zugehört[257]. Der Staat ist demnach gehindert, von sich aus verbindlich das Schulgebet als Teil des Unterrichts einzurichten[258]. Besteht ein einheitlicher Wunsch der Eltern (ggf. auch der grundrechtsmündigen Schüler) nach Abhaltung des Schulgebetes, so steht seiner Einführung, da organisatorische Schwierigkeiten kaum auftreten dürften, nichts im Wege. Drohen jedoch Grundrechtsverletzungen wegen des Vorhandenseins von Anders- oder Nichtgläubigen, so kann das Schulgebet nur durchgeführt werden, sofern diese Veranstaltung vom sonstigen Unterricht abgetrennt und Freiwilligkeit der Teilnahme gewährleistet wird. Die technische Ausgestaltung hat dabei so zu geschehen, daß nicht doch — etwa durch diskriminierende Verfahrensweise — eine Grundrechtsverletzung der nicht Teilnahmewilligen erfolgt.

Die Notwendigkeit, eine Entscheidung darüber zu treffen, ob man beten wolle oder nicht, ist als solche noch keine Verletzung der Religionsfreiheit[259]; diese gibt kein Recht darauf, nicht in solche Situationen

---

[256] Gemeint ist das Schulgebet als *schulische* Veranstaltung, nicht das (auch gemeinschaftliche) Gebet von Schülern in der Schule, aber ohne deren aktives Zutun. Der letztere Fall wäre zu lösen unter dem Blickwinkel der Betätigung eines weltanschaulichen Grundrechts im Sonderstatus des Schulverhältnisses; dazu schon o. C III 2 c (uei Fn. 238) sowie *Ossenbühl* (Fn. 2), S. 148; *Podlech* (Fn. 2), S. 284.

[257] BVerfGE 24, 236 (246): Gebet als Religionsausübung.

[258] Zutreffender (objektivrechtlicher) Ansatz bei *v. Zezschwitz*, Staatliche Neutralitätspflicht und Schulgebet, JZ 1966, S. 337 ff.

[259] Unzutreffend insoweit HessVGH v. 27. 10. 1965 (DVBl. 1966, S. 51).

gestellt zu werden, die eine weltanschauliche Entscheidung erforderlich machen[260]. Vielmehr liegt in der frei von staatlicher Ingerenz erfolgenden Entscheidung gerade die Betätigung des Freiheitsrechts. Zur Problematik von positiver und negativer Religionsfreiheit kann nach oben verwiesen werden (S. 71). Es ist daher unzutreffend, wenn gerade im Zusammenhang mit dem Schulgebet von der Notwendigkeit einer Abwägung zwischen positiver und negativer Religionsfreiheit der betroffenen Schüler gesprochen wird[261]. Das Unterbleiben eines schulischen Anstaltsgebets verletzt nicht die Religionsfreiheit der betwilligen Schüler, die jederzeit, nicht nur außerhalb, sondern auch *in* der Schule (z. B. vor dem Unterricht) ein Gebet sprechen können[262], die aber keinen Anspruch darauf haben, das Schulgebet als schulische und für die Mitschüler verpflichtende Veranstaltung staatlich verordnet zu sehen.

Trotz bestehenden Elternwunsches und der praktischen Realisierbarkeit durch Abtrennung besteht keine *Verpflichtung* zur Einrichtung des schulischen Gemeinschaftsgebetes. Die Entscheidung darüber liegt im politischen Ermessen der staatlichen Organe, die diese Entscheidung dann freilich auch gegenüber der politischen Gemeinschaft und das heißt auch gegenüber den Eltern in ihrer Eigenschaft als Wahlbürger zu verantworten haben[263].

II. Der Sexualkundeunterricht[264]

Der Staat kann sich (muß sich aber nicht) dazu entschließen, Sexualkunde als Teil der schulischen Wissensvermittlung unter Festlegung der zu beachtenden Unterrichtsmethoden in den schulischen Unterricht aufzunehmen. Er ist dabei zunächst beschränkt auf die Vermittlung von Tatsachenwissen, wobei hier, angesichts der traditionellen Sensibilität der Thematik, einer der Gesamtheit des Stoffgebietes angemessenen, verzerrungsfreien Stoffauswahl[265] besondere Bedeutung zukommt. Zu-

---

[260] Ebenso *v. Campenhausen* (Fn. 100), S. 223.
[261] Siehe schon o. Fn. 237; vgl. auch BVerfGE 41, 29 (Gemeinschaftsschule Ba-Wü), S. 50; 52, 223 (Schulgebet), S. 247.
[262] Und dabei ggf. staatlichen Schutz gegen Störungen ebenso beanspruchen könnten wie auch andere Bürger bei der rechtmäßigen Ausübung von Grundrechten.
[263] Diese Lösung entspricht im Ergebnis derjenigen des BVerfG (E 52, 233). Anders als das Gericht (vgl. LS 1), würde ich aber, wenn nur die genannten Voraussetzungen gegeben wären, auch ein Schulgebet an einer bekenntnis-*freien* Schule für zulässig erachten.
[264] Siehe schon o. B II 3 f (bei Fn. 150).
[265] Hiergegen würde z. B. ein überproportionales Verweilen bei der Erörterung „abweichenden Verhaltens" im Sexualbereich verstoßen. — Zu beachten ist hier auch das Persönlichkeitsrecht des Kindes, was sich insbesondere in der Altersangemessenheit der Unterrichtsinhalte niederschlagen muß, vgl. BVerfGE 47, 46 (Sexualkunde), S. 68 f.

II. Der Sexualkundeunterricht

gleich ist jede Darbietung des Stoffes zu vermeiden, der „Aufforderungs-Charakter" hinsichtlich bestimmter Verhaltensweisen zukäme (hier erweisen sich in der Tat manche schulischen Praktiken als rechtlich überaus kritikbedürftig, insofern es ihnen darum geht, über die Wissensvermittlung hinaus irgendwelchen „Grundeinstellungen" zur Sexualität das Wort zu reden, bis hin zur Aufnötigung eines am Rande des sprachlichen Spektrums angesiedelten „Sexualvokabulars"); ausgenommen ist selbstverständlich der Hinweis auf den Befolgungsanspruch der Regelungen des geltenden Rechts auch auf diesem Gebiete. Darüber hinaus bietet gerade dieser Lebensbereich die Gelegenheit und die Notwendigkeit, die konträren Wertungen zu einzelnen Fragen in den Unterricht einzubringen, freilich nur als Fakten, d. h. ohne Parteinahme und inhaltliche Identifikation seitens der Schule.

Sowohl aus Gründen der objektivrechtlichen Beschränkung staatlichen Unterrichts auf die Wissensvermittlung[266] als auch im Hinblick auf die

---

[266] Die unabänderlichen Verfassungsfundamentalnormen werden hier kaum eine Rolle spielen, da der höchst private Bereich zwischenmenschlichen Verhaltens auf diesem Felde (im Rahmen des geltenden Rechts) ausschließlich von der Selbstbestimmung der Beteiligten (bzw. ihrer Eltern als für die weltanschauliche Erziehung Verantwortlichen) und nicht von Grundrechten oder Staatsstrukturbestimmungen des Grundgesetzes reguliert werden. MaW.: Die „Verfassungsessenz" verpflichtet nicht zu einem bestimmten Verhalten auf sexuellem Gebiet.
Art. 6 I ergibt nichts anderes. Er zählt, jedenfalls sofern man ihn ausschließlich auf traditionelle Formen ehelichen und familiären Zusammenlebens bezieht, nicht zum unabänderlichen Verfassungsbestand. Es kann daher vom Bürger die Beachtung dieser Norm samt ihren einfachgesetzlichen Ausprägungen gefordert, nicht aber in der schulischen Erziehung die inhaltliche Akzeptierung der Norm als „richtig" angestrebt werden. Auch die Notwendigkeit der Beachtung des Art. 6 I durch die *staatlichen* Organe macht diese Vorschrift nicht zur Grundlage einer durch die Schule zu verbreitenden bestimmten Sexualmoral. Daß der Staat unter der Geltung des Art. 6 I Ehe und Familie im Sinne des bürgerlichen Rechts beschützt, verpflichtet ihn zu entsprechendem Verhalten dort, wo er es aufgrund der freien Entscheidung des Bürgers mit Ehe und Familie zu tun hat. Nicht aber hat er tätig zu werden zum Zwecke einer Einflußnahme auf eben diese Entscheidung. Ebenso wenig wäre beispielsweise die Folgerung berechtigt, andere als eheliche Beziehungen (die sich aber im übrigen im Rahmen des geltenden Rechts bewegen) seien von Staats wegen als rechtswidrig, weil gegen Art. 6 I verstoßend, zu qualifizieren; nur unter dieser Voraussetzung aber wäre es der staatlichen Schule gestattet, ein gegenteiliges Verhalten einzufordern. — Zu Recht hat das BVerfG in seiner Entscheidung zum Sexualkundeunterricht Art. 6 I daher nicht herangezogen (kritisch dazu *Evers* (Fn. 2), S. 117; *Oppermann*, Die erst halbbewältigte Sexualerziehung, JZ 1978, 289, 291).
Das in Art. 2 I als Grenze persönlicher Entfaltungsfreiheit genannte „Sittengesetz", zu verstehen als die (geschichtlichem Wandel unterworfene) Grundüberzeugung der Gesellschaft (BAG NJW 1976, S. 1958), nicht einzelner Volksteile (BVerfGE 6, 434), liefert kaum Anhaltspunkte für die Entwicklung einer „schulischen" Sexualmoral (zu weitgehend daher *Evers* (Fn. 2), S. 116 f.) und dies auch bei Anerkennung dieser Schranke des Art. 2 I als unveränderbarer Fundamentalnorm: Gerade auf dem Felde der Sexualmoral fehlt es an der für die Annahme eines gesamtgesellschaftlichen „Sittengeset-

Alleinzuständigkeit der Eltern für die weltanschauliche Erziehung[266] ist es der Schule also verwehrt, zu Fragen des Sexualverhaltens wertend Stellung zu beziehen. Um so nachdrücklicher ist die schulische Kompetenz zur *Fakten*vermittlung hervorzuheben. Gerade für den Sexualkundeunterricht wird allerdings oftmals die Unmöglichkeit einer Abtrennung der Fakten von den sexualethischen Wertungen behauptet; doch kann dem nicht gefolgt werden[267]: Diese Materie zeichnet sich sicherlich dadurch aus, daß man sehr schnell aus der Zone des Faktischen in den von Wertvorstellungen besetzten Raum gelangt. Dies muß sich, entsprechend dem eben schon gesagten, niederschlagen in einer besonders sorgfältigen Auswahl der Unterrichtsinhalte und in der strikten Vermeidung aller „moralisierenden" oder in anderer Weise „lebenspraktischen" Stoffdarbietung sowie in dem jederzeitigen Hinweis auf die (unterschiedlichen) moralischen Positionen, die in Hinsicht auf die erörterten Tatsachen vertreten werden und auf die Notwendigkeit, insoweit — wie in anderen ethisch relevanten Fragen auch — die erzieherischen Entscheidungen der Eltern einzuholen[268].

Nicht überzeugen kann auch die These, der sachliche Vortrag biologischer Sachverhalte allein enthalte in seiner nüchternen Faktizität bereits eine werthafte („mechanistisch-biologistische") Sicht menschlicher Sexualität. Der massive personale Bezug der Sexualität soll hier keineswegs geleugnet werden. Doch folgert daraus nicht die Unstatthaftigkeit einer Befassung mit dieser Materie unter „naturwissenschaftlichen" Vorzeichen. Niemand erhebt z. B. Vorwürfe gegen die Behandlung von Anatomie und Funktionsweise des menschlichen Gehirns oder gegen die Erörterung des biologischen Todes innerhalb des naturkundlichen Unterrichts, obgleich die dabei dicht benachbarten Sachverhalte (des menschlichen Bewußtseins, der Denkfähigkeit, der möglichen Fortdauer eines unzerstörbaren Persönlichkeitsteiles über den Tod hinaus

---

zes" erforderlichen Einheitlichkeit der Wertvorstellungen. Wo sie, innerhalb äußerster Grenzen, gleichwohl bestehen, dürfte außerdem regelmäßig das geltende Gesetzesrecht (v. a. die Normen des Sexualstrafrechts) bereits Schranken setzen. *Innerhalb* dieser (weiten) Grenzen gilt Entfaltungsfreiheit auch auf sexuellem Gebiet (vgl. BVerfGE 6, 432).

[267] Siehe auch BVerfGE 47, 46 (Sexualkunde), S. 66: „reine Information über Tatsachen" als von der eigentlichen (d. h. wertbezogenen) Sexualerziehung abtrennbarer Bereich; ebenso a. a. O., S. 75.

[268] Soweit das betreffende Kind an schulischem Religionsunterricht teilnimmt, können die Eltern die erforderlichen pädagogischen Stellungnahmen natürlich auch dieser Instanz überlassen. Im übrigen steht es ihnen selbstverständlich frei, wie in allen Erziehungsfragen so auch hier die Hilfe anderer Personen in Anspruch zu nehmen. Eine Überwälzung ihrer erzieherischen Verantwortung auf die Schule kraft einfacher Erklärung ist freilich nicht möglich. Allenfalls können Lehrpersonen auf quasi privater Basis um pädagogische Mithilfe dieser Art gebeten werden; diese Hilfe hat dann (da sie sich außerhalb des der Schule als staatlicher Einrichtung zugänglichen Bereiches bewegt) außerhalb des eigentlichen Unterrichtsgeschehens zu erfolgen.

II. Der Sexualkundeunterricht

etc.) hinter den mit der menschlichen Sexualität verknüpften an Dignität und personaler Relevanz kaum zurückstehen dürften. Das Beharren auf der angeblichen Nichttrennbarkeit von Fakten und Wertungen gerade im Bereiche der Sexualkunde läßt vermuten, es gehe in Wahrheit darum, der staatlichen Schule hier einen bestimmten Teil der Lebenswirklichkeit als Unterrichtsstoff gänzlich zu entziehen. Diese Zielsetzung mag als *rechtspolitische* Forderung ohne weiteres vertretbar sein, da es dem Staate ja grundsätzlich freisteht, welche Stoffgebiete er zum Unterrichtsgegenstande machen will[269], sie kann aber nicht mit der Behauptung gestützt werden, das Grundgesetz *fordere* eine solche Restriktion der Unterrichtsinhalte.

Über dieses Argument der Nichtabtrennbarkeit der Wertungen von den Fakten hinaus wird aber noch auf andere Weise versucht, eine Relevanz des Elternrechts auch für das Feld der reinen Tatsachenbelehrung zu begründen: Man verweist auf Eltern, die der Auffassung seien, „daß die Gebote der Keuschheit und Schamhaftigkeit" die unbefangene Erörterung biologischer Fakten aus dem sexuellen Bereich in der Schule überhaupt verwehrten[270]. Solche Eltern mag es geben[271], und niemand wird die rechtliche Zulässigkeit ihrer Auffassung von der „Peinlichkeit" jeglicher Erörterung sexueller Sachverhalte in Zweifel ziehen wollen. Doch verlangt das Grundgesetz die Berücksichtigung dieser Auffassung bei der Unterrichtsgestaltung nicht: Bei der Wissensvermittlung bewegt sich der Staat in dem ihm zugewiesenen, vom Elternrecht abgelösten Bereich. Es liegt hier nicht anders als bei der wertenden schulischen Vermittlung des Verfassungskernbestandes, die ebenfalls diesem staatlich Bereiche zugehören und in die, wie dargelegt, gegenläufige und als solche durchaus statthafte und in die *familiäre* Erziehung einbringbare Elternvorstellungen nicht hineinwirken. Indem das Grundgesetz die staatliche Schule und deren Hauptfunktionen der Wissensvermittlung und der politisch-sozialen Integration in einer gegenüber Art. 6 II speziellen Norm institutionalisiert, macht es deutlich, daß das Elternrecht in diesen Raum kompetenzgerechter schulischer Unterrichtsgestaltung nicht hineinreicht. Es gibt kein über Art. 6 II 1 geltend zu machendes weltanschauliches Recht der Eltern auf Ausklammerung bestehender Fakten aus dem Unterricht[272].

Die Gegenauffassung müßte im übrigen auch zur völligen Funktionsunfähigkeit des Schulwesens führen und zu anhaltendem Streit darüber,

---

[269] Vgl. dazu *Lecheler* (Fn. 214), S. 331, r. Sp.

[270] Vgl. *Evers* (Fn. 2), S. 113.

[271] Anschauungsmaterial bieten etwa die Publikationen des Münchener „Freundeskreis Maria Goretti", insbes. die regelmäßigen „FMG-Informationen".

[272] Im Ergebnis wie hier BVerfGE 47, 46 (Sexualkunde), S. 68 f.

wovon Heranwachsende in der Welt Kenntnis nehmen dürften oder nicht. Es würden sich wohl bald Eltern finden, die der Beschäftigung mit der bildenden Kunst wegen des dort gehäuften Auftretens unbekleideter menschlicher Körper, der Lektüre etwa des Alten Testaments oder zahlreicher klassischer literarischer Texte wegen sprachlicher Derbheiten und vorfallender „Gewalttätigkeiten" oder der Behandlung genetischer, kernphysikalischer oder psychiatrischer Themen als teils vermessen, teils peinlich oder intim, entgegentreten wollten. Diese Befürchtung mag abwegig erscheinen. Immerhin ist Goethes „Erlkönig" oder Mörikes „Feuerreiter"[273] neben anderen klassischen Texten bereits in den Ruch geraten, durch die Darstellung „gewaltsamer Todesarten" den Schülern zu einem „einseitigen Weltbild" zu verhelfen.

Nur auf einheitlichen Elternwunsch hin kann (ohne daß eine Verpflichtung hierzu bestünde) eine bestimmte weltanschauliche Ausrichtung des Sexualkundeunterrichts erfolgen. Fehlt es an dieser Einheitlichkeit des Elternwunsches, so wird in der Praxis — wenn nicht die Schule den gesamten Sexualkundeunterricht zur freiwilligen weltanschaulich geprägten Lehrveranstaltung machen will, wozu sie aber keineswegs verpflichtet ist — entweder die Zurückstufung der „werthaltigen" Unterrichtsinhalte auf einen allen Eltern (Schülern) gemeinsamen weltanschaulichen Sockel oder die Durchführung eines wertungsfreien Sexualkundeunterrichts die Folge sein müssen. Eine vom übrigen Sexualkundeunterricht abgetrennte gesonderte Behandlung weltanschaulicher Wertungen auf dem Felde der Sexualität dürfte demgegenüber wenig praktikabel sein.

---

[273] Wie bedauernd zu bemerken ist, allerdings von staatlicher, d. h. kultusministerieller Seite, vgl. DIE ZEIT v. 6. 4. 1979.

Zusammenfassung

(1) Innerhalb des elterlichen Erziehungsrechts i. S. d. Art. 6 II 1 GG ist zu unterscheiden zwischen dem Erziehungsrecht i. e. S. oder Einwirkungsrecht der Eltern (dem Recht zur formenden Einwirkung auf das Kind) und der „Wahrnehmungsbefugnis", d. h. dem Recht zur Wahrnehmung der kindlichen (Grund)Rechte nach außen. Teil des elterlichen Einwirkungsrechts ist die Befugnis zur inhaltlichen Bestimmung derjenigen Kindesgrundrechte, die nicht — wie z. B. Menschenwürde, Leben, körperliche Unversehrtheit oder Vermögenssphäre — einen „objektivierbaren" Inhalt aufweisen.

(2) Das in Art. 6 II 1 GG umschriebene familiäre Erziehungsrecht der Eltern kennt nur „immanente" Schranken, wie sie sich aus bestimmten (nämlich den inhaltlich objektivierbaren) Grundrechten, der Beachtung (nicht innere Akzeptierung) fordernden, geltenden Rechtsordnung sowie aus dem Begriff der Pflege und Erziehung ergeben. Im übrigen bestehen inhaltliche Bindungen nicht, auch nicht an die unabänderbaren Staatsstrukturbestimmungen des Art. 20 oder an ein „Menschenbild" des Grundgesetzes. Der Staat hat hier kein originäres Erziehungsrecht, ihm ist mit der Übertragung eines Wächteramtes nur die Abwehr elterlicher Grenzüberschreitungen zugewiesen.

(3) Demgegenüber besteht in der Schule ein eigenständiges Mandat des Staates zur Einwirkung auf das Kind. Dieses umfaßt, neben dem Recht zur Regelung der schulorganisatorischen Fragen, den Auftrag zur Vermittlung von Kenntnissen und Fertigkeiten. Es erstreckt sich — wegen der weltanschaulichen Neutralität der außerhalb des streitigen politisch-weltanschaulichen Prozesses angesiedelten Staatsschule — nicht auf wertende Stellungnahmen; diese sind als bloße Fakten, ohne inhaltliche Identifikation mit ihnen, in den Unterricht einzuführen. Ausgenommen hiervon ist der unabänderbare Kernbestand der Verfassung, die „Verfassungsessenz" (Menschenwürde, „Menschenwürdekern" der Grundrechte, Völkerverständigung und Frieden sowie die Grundsätze des Art. 20); bezogen auf sie ist dem Staate Identifikation erlaubt und geboten.

Jede Überschreitung dieser staatlichem Schulehalten gezogenen Grenzen enthält damit einen Verstoß gegen objektives Recht.

(4) Die Sphäre schulischer Einwirkung auf das Kind ist, im Sinne getrennter Kompetenzbereiche, von der Sphäre nichtschulischer, familiärer Einwirkung durch die Eltern abgetrennt. Das elterliche *Einwirkungs*recht erstreckt sich nicht in die Schule, kann durch schulische Maßnahmen daher nicht verletzt werden.

(5) Die Überschreitung der Grenzen des staatlichen Erziehungsmandats kann aber zu einer Verletzung von Grundrechten des Kindes und damit des Elternrechts führen, welches auch die Wahrnehmung und — bei den nicht objektivierbaren Grundrechten — die inhaltliche Ausfüllung der Kindesgrundrechte zum Inhalt hat. Im Gefolge einer derartigen Elternrechtsverletzung bestehen subjektive Abwehransprüche der Eltern aus Art. 6 II 1 GG.

(6) Auf Wunsch der Eltern ist der Staat berechtigt, über die seiner originären Erziehungstätigkeit gezogenen Grenzen hinaus, im Unterricht weltanschauliche Inhalte zu vermitteln. Voraussetzung ist neben der organisatorischen Durchführbarkeit die Vermeidung von Grundrechtsverletzungen anderer Eltern (Schüler). Droht eine solche Verletzung, so hat eine Rückführung der Unterrichtsinhalte auf einen von allen Beteiligten akzeptierbaren Nenner zu erfolgen, wenn nicht eine organisatorische Abtrennung der umstrittenen Inhalte vom sonstigen Unterrichtsgeschehen möglich ist.

Eine *Pflicht* zur Befolgung der elterlichen Wünsche auf weltanschauliche Schulausrichtung besteht nicht, die Entscheidung liegt im politischen Ermessen der zuständigen staatlichen Organe, die hierfür die politische Verantwortung zu übernehmen haben.

Printed by Libri Plureos GmbH
in Hamburg, Germany